ROBERTO CIOMPI

RISTRUTTURAZIONE FINANZIARIA DI UN'IMPRESA

Guida Strategica al Riassetto Aziendale

Dall'Analisi al Finanziamento

Titolo

"RISTRUTTURAZIONE FINANZIARIA DI UN'IMPRESA"

Autore

Roberto Ciompi

Editore

Bruno Editore

Sito internet

www.brunoeditore.it

Sommario

L'autore

Roberto Ciompi ha svolto per molti anni la professione di imprenditore e manager nel settore dell'automazione industriale e della vendita di componenti per l'industria, in diverse aziende.

Nel corso degli anni ha ricoperto il ruolo di amministratore delegato, di presidente in vari consigli di amministrazione, oltre che di direttore generale, occupandosi principalmente delle funzioni gestionali e amministrative, curando la parte contabile e finanziaria.

Questo ruolo gli ha consentito di entrare in contatto con molte banche per svariate necessità aziendali, come l'apertura di un conto corrente, la richiesta di linee di credito per anticipi fatture, le richieste di mutuo per finanziare un investimento immobiliare, la ristrutturazione del debito e altro ancora. Da alcuni anni svolge la professione di consulente aziendale e finanziario, ruolo che lo ha portato a collaborare con diverse tipologie di aziende, ad analizzare i loro bilanci e ad aiutare gli imprenditori nella ricerca delle soluzioni alle varie problematiche che si presentano nella normale attività aziendale, sia gestionali sia finanziarie.

Tra queste problematiche, notevole importanza ricoprono l'accesso al credito bancario e la ristrutturazione finanziaria, nelle varie forme che possono necessitare a un'azienda. Durante l'anno l'autore assiste molte aziende che hanno la necessità di ricercare finanzianti o di effettuare una ristrutturazione finanziaria per importi che vanno da 100.000,00 euro ad alcuni milioni.

Sommando le due esperienze lavorative, l'autore ha acquisito professionalità e ha appreso alcune tecniche e segreti che troverai all'interno dell'ebook.

Introduzione

Gentile lettore,
voglio ringraziarti per avere acquistato questo ebook. All'interno troverai le strategie, i segreti, le tecniche e le procedure per preparare in modo ottimale e professionale un progetto di ristrutturazione finanziaria per un'azienda.

Le indicazioni che trovi in questa guida sono state tutte da me sperimentate e ti garantisco che potranno aiutarti a ottenere importanti risultati; non sono formule magiche ma consigli e modalità operative, che potrai seguire e imparare giorno dopo giorno, e che ti consentiranno di preparare un progetto di ristrutturazione finanziaria da presentare a una banca.

Questo ebook è rivolto principalmente alle piccole e medie imprese italiane e a coloro che svolgono un'attività in proprio, come liberi professionisti, ma lo consiglio anche a coloro che hanno intenzione di avviare una nuova attività imprenditoriale.

La tabella seguente, relativa all'ultimo censimento fatto in Italia, indica il numero delle imprese suddivise nella loro forma giuridica (società individuali o professionisti, società di persone, società di capitali ecc.).

Imprese per forma giuridica e addetti
Censimento 2001 (dati Istat)

Forme giuridiche	Numero di imprese	Totale addetti
Imprese individuali (lavoratori autonomi, liberi professionisti)	2.667.160	4.208.884
Società di persone (S.a.s., S.n.c.)	824.627	3.011.314
Società di capitali	531.590	7.585.049
Società per azioni (S.p.A.)	40.088	3.896.163
Società a responsabilità limitata (S.r.l.)	491.502	3.688.886
Società cooperative	47.719	786.092
Altre forme	12.870	121.569
TOTALE	**4.083.966**	**15.712.908**

Ognuna di queste imprese, sia di piccolissime dimensioni (per esempio un professionista che svolge la propria attività senza dipendenti) sia di piccole, medie e grandi dimensioni, ha a che fare con la parte finanziaria della propria attività.

Ti faccio alcuni esempi:

- apertura di un conto corrente dove far confluire gli incassi o emettere assegni e bonifici per i pagamenti;
- apertura di una linea di credito per anticipo fatture dei clienti;
- finanziamento per acquisto di un macchinario o di un'attrezzatura di lavoro;
- mutuo o leasing per acquisto di un immobile dove svolgere l'attività.

Il termine "ristrutturazione finanziaria" è sicuramente noto a molti imprenditori che ne sentono parlare dal loro commercialista, dalla banca con la quale hanno rapporti, dalle associazioni di categoria e da altri soggetti che orbitano intorno a un'azienda.

Generalmente una ristrutturazione finanziaria o del debito consiste nello stabilire nuove condizioni (ad esempio tassi d'interesse più bassi, posticipazione delle scadenze ecc.) per i debiti contratti da un'impresa. Tutto vero, ma quello che voglio insegnarti con questo ebook è come intraprendere una ristrutturazione finanziaria in una piccola e media impresa e la serie di benefici che ne derivano.

Voglio anche aggiungere una mia personale interpretazione della stessa definizione, che si può sintetizzare così: *Tutte le volte che si va a intervenire sulla parte finanziaria di un'azienda o di un soggetto con partita IVA, siamo nell'ambito di una ristrutturazione finanziaria.*

È un po' come quando si porta l'auto dal meccanico: sia che si tratti del normale tagliando, sia che si tratti di una manutenzione straordinaria, si va a intervenire sul mezzo. Inoltre voglio aiutarti a comprendere perché è utile effettuare una ristrutturazione, cosa deve spingerti a compiere questo passo, a superare alcuni aspetti psicologici e i benefici economici e finanziari che ne conseguono.

Lo scopo di questo ebook è fornirti una visione personale del concetto di ristrutturazione finanziaria, che ritengo utile farti conoscere poiché nelle applicazioni quotidiane mi ha consentito di ottenere importanti risultati con aziende e professionisti. Per fare ciò mi aiuterò con degli esempi riferiti che prendono spunto da casi gestiti personalmente. Ti spiegherò inoltre che la ristrutturazione finanziaria è utile anche in momenti non particolarmente critici, in quanto si può far rientrare nel progetto la ricerca di nuovi finanziamenti, con vari benefici.

Nel mio ebook *Farsi finanziare dalle banche*, pubblicato da Bruno Editore, spiego come preparare una richiesta di finanziamento a una banca; ciò di cui parlerò adesso può essere considerato come una continuazione del precedente poiché utilizza la stessa procedura, finalizzandola a un progetto di ristrutturazione finanziaria.

Per valutare il credito da concedere alle aziende, le banche oggi si sono dotate di particolari strutture operative, con personale specializzato dedicato solo a questa tipologia di clienti. Con l'entrata in vigore dei parametri di Basilea 2 (il Capitolo 1 sarà dedicato a capire meglio questo tema), si rafforza il rapporto tra il costo del credito e la valutazione di solvibilità che può avere un'azienda (*rating*); saranno quindi avvantaggiate quelle aziende e soggetti che riusciranno in via preventiva e consuntiva a comunicare alla propria banca le prospettive di reddito, la stabilità economico-patrimoniale, le potenzialità di crescita. In altri termini, coloro che presentano un livello di rischio più elevato potrebbero ottenere un minore accesso al credito, oppure un incremento dei costi legati al suo ottenimento.

Uno degli elementi che quantificano il livello di rischio assunto dagli istituti di credito è indubbiamente il livello di rating dell'azienda (anche a questo aspetto sarà dedicato il Capitolo 1). Le aziende vengono sottoposte a un sistema di analisi da parte della banca, la quale attribuisce un rating che, a seconda del risultato, sarà determinante per l'accesso al credito e per le condizioni dei tassi di interesse e altri costi accessori applicati.

Prendiamo il caso di un'azienda in attività da diversi anni che decide di fare una domanda di finanziamento di qualsiasi genere; il sistema di valutazione della banca va ad analizzare per prima cosa la *centrale rischi* (nei capitoli seguenti spiegherò meglio di cosa si tratta), i bilanci dell'azienda, sia degli anni precedenti sia dell'anno in corso, i bilanci previsionali, la storia e la credibilità dell'imprenditore, la qualità dei clienti (privati, enti pubblici, grandi o piccole aziende), i tempi di riscossione dei crediti, il pagamento dei debiti ai fornitori.

Inoltre, se l'azienda è già cliente, si analizza il comportamento dell'imprenditore nei confronti della banca, e dopo l'analisi di quanto elencato si determina una serie di indicatori che vanno ad attribuire all'azienda un rating, dotato di vari livelli di classificazione (esempi: AAA, AA, A, BBB, BB, B). In base all'attribuzione del rating, l'azienda riceverà dalla banca una valutazione per l'accesso al credito.

In funzione del rating assegnato possono verificarsi due casi: la richiesta di accesso al credito non viene accettata, oppure la banca risponde positivamente all'azienda che può ottenere condizioni di tassi di interesse applicati e spese di commissioni migliori o peggiori a seconda dell'indice di rating attribuito.

Altro punto sul quale va a incidere il rating riguarda la quantità di credito che la banca sarà disposta a concedere all'azienda. Il tessuto imprenditoriale italiano vede mediamente aziende sottocapitalizzate e finanziariamente deboli. Oggi occorre fare molta attenzione alla parte finanziaria, le piccole e medie imprese dovranno aiutare le banche a comprendere la realtà del loro mercato di riferimento, le proprie prospettive di crescita all'interno dello stesso, l'andamento settoriale, il vantaggio competitivo rispetto alla concorrenza, la stabilità del proprio sistema finanziario, economico e patrimoniale. Per far ciò è indispensabile creare una *comunicazione efficace* con gli istituti di credito, che si basi sulla fiducia e sulla trasparenza, senza ricorrere, ad esempio, a politiche di bilancio orientate ai soli fini fiscali.

L'azienda deve avere una percezione più chiara possibile della propria posizione rispetto a ciascuno degli elementi rilevanti ai fini della determinazione del rating, sarà quindi utile incrementare un sistema di controllo mirato a monitorare la capacità di produrre reddito, flussi di cassa, livello di indebitamento e la capacità di effettuare previsioni finanziarie accurate. In questo scenario, è molto importante capire in via preventiva quando è necessario fare un intervento di ristrutturazione finanziaria e i benefici che si possono ottenere.

Preparare la richiesta per presentare il progetto di ristrutturazione a una banca richiede una particolare attenzione, una procedura, alcuni accorgimenti tecnici e segreti che scoprirai man mano.

- Come ristrutturare finanziariamente la mia azienda?
- Che benefici avrò da tale intervento?
- Come abbinarci la ricerca di nuova finanza?
- A quale banca posso rivolgermi?

Sono domande che quotidianamente mi vengono rivolte e riguardano sia imprenditori che professionisti. Seguendo le indicazioni dell'ebook, leggendo i capitoli e facendo tesoro dei segreti che vi troverai, sarai in grado di preparare un progetto di ristrutturazione finanziaria, indicandone i motivi e i benefici che ne derivano.

Devi comunque sapere che i risultati sono possibili solo mettendoci impegno, determinazione, ottimismo, insieme naturalmente alle giuste strategie. Gli esempi che troverai nei capitoli seguenti ti dimostreranno che, pur essendo diversi, seguono un percorso e un metodo che andrò a insegnarti.

Ti spiegherò il funzionamento e l'importanza dei confidi o consorzi fidi e di altri enti di garanzia, i quali possono essere utilizzati come strumenti molto utili a sostegno del tuo progetto. Ti anticipo che l'utilizzo dei consorzi fidi o degli enti di garanzia consente di aggiungere alla richiesta di finanziamento presentata alla banca, oltre alle garanzie da te prestate (ipoteca, fidejussione ecc.), un'ulteriore garanzia aggiuntiva rilasciata dagli stessi. Infine troverai un caso gestito personalmente e che ho preso ad esempio.

Questo episodio specifico mi ha ulteriormente confermato che, mettendoci impegno e determinazione e seguendo alcune regole abbinate a una strategia di lavoro, si possono portare a buon fine progetti di ristrutturazione finanziaria difficili e complessi.

Quindi datti da fare e iniziamo a lavorare.

Buona lettura,
Roberto Ciompi

GIORNO 1:
Basilea 2, rating e centrale rischi

Ritengo utile dedicare il primo capitolo alla spiegazione di alcuni aspetti tecnici che ritroverai nelle pagine successive; ciò è necessario per comprendere meglio l'argomento e per avere un quadro più ampio di come viene trattata la parte finanziaria di un'azienda dall'esterno, in particolare dal sistema bancario. I termini che richiedono un particolare approfondimento sono sostanzialmente tre: Basilea 2, il rating e la centrale rischi.

Che cos'è Basilea 2?
Basilea 2 è l'accordo del comitato di Basilea, a cui partecipano i saggi delle banche centrali, emanato nel giugno 2004 e operativo dal gennaio 2007, che mira a migliorare il precedente accordo denominato Basilea 1 del 1988.

Basilea 1 proponeva che, per ogni somma prestata, la banca doveva accantonare un importo pari all'8% del proprio capitale. Si trattava di un capitale di vigilanza accantonato senza tener conto del possibile rischio di insolvenza. Esempio: a fronte di un prestito di 100.000,00 euro, la banca doveva accantonare una quota di patrimonio pari all'8%, cioè 8000,00 euro.

Diversamente, l'accordo di Basilea 2 consente alla banca una maggiore efficienza in quanto, in base alle diverse capacità dei soggetti di restituire il prestito, si differenziano gli accantonamenti patrimoniali in più o in meno a seconda del maggiore o minore rischio. Da ciò deriva che la quota di accantonamento, a fronte di un finanziamento erogato, varierà a seconda del merito creditizio dell'azienda affidata. Esempio: l'azienda avente un rating AAA genererà per la banca accantonamenti sul suo patrimonio minori rispetto a un'azienda con rating C.

Nel gennaio 2007 Basilea 2 è diventato operativo e le aziende hanno iniziato nei loro rapporti bancari a confrontarsi con questo strumento; l'accordo prende il nome di Basilea perché proprio nella città svizzera ha sede la banca dei regolamenti internazionali, a cui fu affidato il compito di garantire la stabilità del sistema bancario a livello mondiale, per la sicurezza dei depositanti, delle banche, degli azionisti e dell'intera economia, nonché di fissare regole univoche per tutte le banche. Una particolarità di Basilea 2 è il realismo delle analisi nel rapporto rischio/redditività e la necessità di aggiornarle di continuo, seguendo dunque le aziende e il mercato molto più da vicino. Più accurate sono le analisi e le informazioni che una banca può ottenere rispetto a un'impresa, meno la banca rischia che l'impresa non restituisca i soldi che le sono stati prestati.

Un approccio vincolato a concetti di controllo dovrà portare le imprese a sviluppare una mentalità orientata non più solo a obiettivi a brevissimo termine, ma a una produttività a medio e lungo termine, indispensabile per una crescita reale e solida. Molti imprenditori nelle aziende che visito giornalmente non hanno maturato una mentalità in grado di valutare quanto possa convenire la novità di Basilea 2 in termini di sviluppo futuro.

Alcuni danno l'impressione di essere spaventati quando parlano di questo argomento, un po' perché non lo conoscono a fondo e un po' perché vengono sollecitati ad affrontarlo dal loro commercialista o dalla loro associazione di categoria o dalla banca stessa, senza però essere accompagnati nel cammino necessario per capire e affrontare questo argomento, facendolo così diventare un'opportunità di crescita per la loro azienda.

A mio parere le piccole e medie imprese, nelle varie dimensioni, dovrebbero partire dalla riclassificazione del proprio bilancio, in modo da evidenziare la qualità e l'attendibilità dello stesso per quanto riguarda la redditività, la solidità, la liquidità. Tale analisi effettuata frequentemente evidenzierebbe i punti di forza ma anche i punti di debolezza, dando così la possibilità di fare interventi di miglioria.

L'azienda deve sforzarsi di migliorare la propria *comunicazione finanziaria*, andando a redigere e a presentare con frequenza una serie di documenti che riportano il suo andamento e altre indicazioni utili alle banche e agli altri soggetti esterni che hanno a che fare con essa. Il mio consiglio personale è di avvalersi di una consulenza finanziaria e gestionale esperta e dotata di competenze specialistiche, che potrà essere interna o esterna all'azienda.

SEGRETO n. 1: non spaventarti di fronte ai parametri di Basilea 2, termine molto utilizzato nei rapporti con le banche. È importante che tu capisca cosa significa, per farlo diventare un'opportunità di crescita per la tua impresa.

Il rating

L'analisi che la banca fa di una qualsiasi azienda termina con l'attribuzione di un rating che esprime la capacità dell'azienda di restituire il prestito. Per la sua formulazione si tiene conto di diversi elementi, ad esempio i risultati storici ottenuti, gli obiettivi di sviluppo ipotizzati, i rischi e le opportunità che si possono incontrare, il business plan che l'azienda ha presentato, la tipologia degli investimenti che intende fare, la struttura finanziaria attuale e futura dell'azienda, gli imprenditori, la loro storia e credibilità ecc.

In base all'analisi degli elementi sopra descritti la banca attribuisce una classe di merito creditizio. Per usare una metafora, prova a immaginare il rating come quando vai dal tuo medico a fare le analisi, e i risultati vengono confrontati con dei valori di riferimento considerati nella norma.

Classi di rating

Ogni banca aderente all'accordo di Basilea 2 ha introdotto un sistema di classificazione della propria clientela in base alla rischiosità della stessa, in accordo con le direttive del Comitato di Basilea; tuttavia non è stato previsto un sistema standard di classificazione, ma ogni banca può adottare una propria scala, costituita da varie classi di rischio (o di rating). Tale scala può essere *alfabetica* (con le classi di rating rappresentate da combinazioni di lettere) o *numerica* (con le classi di rating rappresentate da combinazioni di numeri). Il rating attribuito si ottiene analizzando i dati di bilancio storici e prospettici, integrati da altre informazioni.

L'analisi consente di determinare i valori degli indicatori riguardanti l'equilibrio patrimoniale, economico, finanziario e del trend di sviluppo; i tre equilibri vengono classificati utilizzando le seguenti scale:

Scala numerica			Scala alfabetica
Classe 1	Ottimo	15	AAA (Ottimo)
Classe 2	Buono	14	AA
Classe 3	Normale	13	A
Classe 4	Anomalo	12	BBB+ (Buono)
Classe 5	Pericoloso	11	BBB-
		10	BB+
		9	BB-
		8	B+ (Normale)
		7	B-
		6	CCC+ (Anomalo)
		5	CCC-
		4	CC+
		3	CC-
		2	C (Pericoloso)
		1	D

In conclusione, la qualità del credito che le banche concedono alle aziende è determinata da indicatori che tengono conto di elementi di natura finanziaria, gestionali e della capacità dell'imprenditore. Da tutto ciò ne consegue che gli imprenditori non possono, soprattutto in una prima fase dell'attività, presentarsi alla banca senza avere ben chiaro quale sarà il loro progetto imprenditoriale.

SEGRETO n. 2: l'analisi che la banca fa di una qualsiasi azienda termina con l'attribuzione di un rating che esprime la capacità dell'azienda di restituire il prestito.

Cosa sono e perché si è censiti nelle centrali rischi

Per spiegarti questo argomento riporto di seguito un articolo preso da Internet che spiega, a mio giudizio, in modo semplice ma completo cosa sono le centrali rischi.

«Le centrali rischi sono delle banche dati gestite da società private ove vengono conservati i dati inerenti a qualsiasi attività legata al mondo dei finanziamenti o mutui; esse contengono informazioni come dati anagrafici, tipo di finanziamento richiesto, relativo importo, durata, garanti.

Viste sotto quest'ottica, le banche dati conosciute anche come centrali rischi finanziari rappresentano un potentissimo strumento, al quale oramai nessuna banca o finanziaria può rinunciare. Infatti, grazie agli archivi delle centrali rischi finanziari, le banche a seguito di domande di prestito o mutuo possono consultare i dati in essi contenuti e stabilire, in misura alquanto precisa, se quel tipo di prodotto finanziario può essere concesso o no.

È consueto pensare che essere registrati nelle centrali rischi finanziari rappresenti un problema, ma non è detto che essere censiti sia sinonimo di brutta reputazione, in quanto tutte le azioni finanziarie vengono registrate, e quindi anche quelle positive. Ad esempio se in passato abbiamo chiesto un prestito e questo è stato restituito in maniera ottimale, nella banca dati viene registrato che la nostra condotta è stata perfetta, quindi di fronte a un'eventuale richiesta di prestito in futuro la nostra buona reputazione creditizia non fa altro che agevolare l'erogazione del finanziamento da parte delle banche.

In Italia le maggiori centrali rischi sono tre: CRIF, CTC, Experian. Tra le citate, CRIF detiene la più grande banca dati, conosciuta come Eurisc. Tecnicamente e per legge le centrali rischi devono sottostare ad alcune norme che ne regolano il comportamento e l'operatività. Ad esempio esiste un limite massimo di tempo per la registrazione dei dati, per la consultazione e la cancellazione in centrale rischi. Ricordiamo solo a mero titolo di cronaca che una domanda di mutuo o prestito può essere conservata nei SIC (Sistemi di Informazioni Creditizie) per un massimo di sei mesi, oppure qualora abbiamo finito di pagare le rate di un eventuale prestito rispettando la scadenza ecc.

Insomma, dopo avere restituito il prestito senza particolari patemi, questa informazione verrà conservata per trentasei mesi. Capita a volte che le finanziarie o le banche sbaglino nel comunicare questi dati alle centrali rischi, tanto da far registrare informazioni sbagliate con tutte le conseguenze che ne possono derivare. Quindi è logico pensare che i diretti interessati, dopo una visura, possano richiedere la cancellazione dei dati errati o l'aggiornamento o l'integrazione.

Guai però a pensare che siano queste banche dati a decidere se il finanziamento possa essere concesso o no, esse contengono

informazioni finanziarie del cliente riguardo anche la condotta in questo campo (eventuali prestiti insoluti in passato, ritardo nei pagamenti, elenco cattivi pagatori); tutte queste informazioni vengono raccolte dalle banche o finanziarie che in seguito decidono, *anche valutando i dati delle centrali rischi*, se concedere o no il finanziamento.»
(Fonte: Article-Marketing.it
http://www.article-marketing.it/economia-e-finanza/cosa-sono-e-perche-si-e-censiti-nelle-centrali-rischi.html)

SEGRETO n. 3: la cosa importante che devi sapere è che le centrali rischi sono utilizzate da tutte le banche, ma non pensare che siano queste banche dati a decidere se un finanziamento può essere concesso o no.

I termini sopra descritti sono entrati a far parte della vita quotidiana delle aziende e di coloro che vogliono richiedere nuovi finanziamenti o ristrutturare quelli in essere. Sono, oserei dire, quasi inflazionati e chi ha necessità di fare una ristrutturazione finanziaria se li sente ripetere a più fasi dal commercialista, dal funzionario di banca, dal consulente aziendale e da altri soggetti.

Non dirmi che non ti è mai capitato di sentirti chiedere quale sia il rating della tua azienda, o come sia la tua centrale rischi? Oppure se la tua azienda è in linea con i parametri di Basilea? Tutte cose interessanti e frequenti ma a mio giudizio utilizzate spesso in modo quasi oppressivo nei confronti di colui che svolge l'attività di imprenditore, piccolo o grande che sia, tanto che, come già detto sopra, alcuni soggetti che mi trovo di fronte quotidianamente sono quasi impauriti di fronte a centrali rischi sconfinate o rating non troppo brillanti. Essere preoccupati è legittimo, essere spaventati o peggio ancora scoraggiati, no.

Occorre farsi coraggio e iniziare a lavorare per migliorare la situazione finanziaria della propria azienda o attività.

Nei prossimi capitoli ti andrò a spiegare come fare una ristrutturazione finanziaria e cosa si va a modificare nel bilancio dell'azienda o dell'attività professionale. Ma per prima cosa devi sapere che ogni volta che si intraprende una ristrutturazione finanziaria si vanno a modificare le situazioni che riguardano la centrale rischi, il rating e, di conseguenza, i parametri utilizzati dalle banche riferiti a Basilea 2.

SEGRETO n. 4: ogni volta che si intraprende una ristrutturazione finanziaria si vanno a modificare le situazioni che riguardano la centrale rischi, il rating e, di conseguenza, i parametri utilizzati dalle banche riferiti a Basilea 2.

RIEPILOGO DEL GIORNO 1:

- SEGRETO n. 1: non spaventarti di fronte ai parametri di Basilea 2, termine molto utilizzato nei rapporti con le banche. È importante che tu capisca cosa significa, per farlo diventare un'opportunità di crescita per la tua impresa.
- SEGRETO n. 2: l'analisi che la banca fa di una qualsiasi azienda termina con l'attribuzione di un rating che esprime la capacità dell'azienda di restituire il prestito.
- SEGRETO n. 3: la cosa importante che devi sapere è che le centrali rischi sono utilizzate da tutte le banche, ma non pensare che siano queste banche dati a decidere se un finanziamento può essere concesso o no.
- SEGRETO n. 4: ogni volta che si intraprende una ristrutturazione finanziaria si vanno a modificare le situazioni che riguardano la centrale rischi, il rating e, di conseguenza, i parametri utilizzati dalle banche riferiti a Basilea 2.

GIORNO 2:
L'importanza del bilancio

Nel capitolo precedente ti ho spiegato alcune definizioni e termini tecnici che troverai ripetuti più volte nell'ebook, in questo capitolo iniziamo a parlare del bilancio di un'azienda, che nei suoi concetti non è poi molto diverso da un bilancio di un professionista o di una famiglia. Questo argomento spesso è ritenuto di difficile comprensione da molti imprenditori, specialmente operanti in aziende di piccole e medie dimensioni.

Se hai acquistato questo ebook probabilmente significa che la materia ti incuriosisce e quindi vuoi approfondire questo aspetto; per farlo occorre innanzi tutto capire il principale documento contabile di un'azienda, il bilancio, il quale si trova in ogni attività di piccole o grandi dimensioni, tranne alcuni casi in cui l'attività viene gestita in contabilità semplificata che non contempla l'obbligo di redazione del bilancio (è comunque utile redigerlo indipendentemente dagli adempimenti fiscali e normativi).

In questo ebook analizzeremo le attività che operano in regime di contabilità ordinaria e che quindi hanno l'obbligo legislativo di redigere un bilancio alla fine dell'anno fiscale.

Breve accenno delle forme giuridiche di un'impresa

Ritengo utile, prima di proseguire, elencare le varie forme previste dal nostro ordinamento per quanto riguarda la forma giuridica delle attività professionali o di un'impresa, senza entrare nei particolari delle caratteristiche che ogni forma ha al suo interno, in quanto tale argomento non è oggetto del presente ebook.

Lavoro autonomo o esercizio di arti e professioni. Gli appartenenti a questa categoria devono avere la partita IVA, tenere la contabilità, essere iscritti all'INPS o a casse specifiche (come ad esempio le casse degli ordini professionali). Un ingegnere, un avvocato, un commercialista ecc., con un proprio studio personale, svolgono un lavoro autonomo.

Impresa individuale. Si definisce individuale quell'impresa che fa capo a un solo titolare (l'imprenditore) che è l'unico responsabile e promotore della propria attività. La tenuta della contabilità può essere in forma ordinaria o semplificata a scelta dell'imprenditore. Il rischio d'impresa, in questa forma, si estende a tutto il patrimonio dell'imprenditore.

Le società. Si distinguono, in prima battuta, in *società di persone* o *società di capitali*.

Società di persone. La società di persone è una formula indicata per chi intende avviare attività commerciali, agricole o di servizi, di limitate dimensioni e con un ridotto numero di soci (e di capitali). Da un punto di vista contabile, le società di persone presentano caratteristiche simili a quelle di un'impresa individuale. Le società di persone possono essere di tre tipi:

- società semplice (Ss);
- società in nome collettivo (S.n.c.);
- società in accomandita semplice (S.a.s.).

Società di capitali. È un tipo di società adatta nel momento in cui l'impresa supera certe dimensioni, dove la scelta di diventare una società di capitali diventa quasi obbligata, in quanto questo tipo di società è l'unico che consente una certa flessibilità nella composizione della compagine azionaria, flessibilità che diventa indispensabile quando il numero dei soci aumenta.

Le società di capitali possono essere:

- società a responsabilità limitata (S.r.l.);
- società a responsabilità limitata unipersonale;
- società per azioni (S.p.A.);
- società in accomandita per azioni (S.a.p.a.).

Per conoscenza ti indico altre tipologie di imprese o attività che devono provvedere a redigere un bilancio alla fine di ogni esercizio: società cooperative, consorzi, società a scopo di lucro, società a scopo mutualistico, Onlus.

Come ti ho detto, il bilancio di un'azienda non è poi così diverso dal bilancio di una famiglia. Qualche mese fa ho acquistato una delle mie riviste mensili preferite (non faccio il nome per evitare pubblicità), era il numero di dicembre e aveva come inserto un libricino intitolato *Budget familiare per l'anno 2010*, leggendolo mi sono reso conto che utilizzava molti termini che si ritrovano nei bilanci aziendali, sia nelle voci dei costi e dei ricavi sia in quelle dello stato patrimoniale.

SEGRETO n. 5: per fare una ristrutturazione finanziaria di qualsiasi genere occorre partire dalla lettura e analisi del bilancio consuntivo e/o previsionale dell'azienda.

Nel Segreto n. 5 ho usato il termine *bilancio previsionale* perché, quando si parla di ristrutturazione finanziaria, anche questo è un documento da analizzare con attenzione e da redigere tenendo conto delle indicazioni che troverai nei capitoli successivi.

Iniziamo a parlare di bilancio

Per capire come sta andando la tua azienda, non bastano le sensazioni, occorre che tu faccia uno sforzo e analizzi il tuo bilancio, partendo dall'ultimo che generalmente coincide con l'anno solare e iniziando a confrontarlo sia con i precedenti sia con quelli successivi che possono essere redatti con cadenza mensile, trimestrale ecc.

Leggendo e analizzando il bilancio potrai avere una serie di informazioni che saranno di fondamentale importanza per la tua attività. Dico questo perché mi capita spesso nel lavoro che svolgo di parlare con imprenditori che non sanno niente o molto poco del bilancio della loro azienda e di fronte a domande banali, come ad esempio: «Quale è stato il fatturato della sua azienda nell'anno 2009?» rispondono che per avere certi dati occorre rivolgersi al loro commercialista, oppure che il loro utile (*e non il fatturato come richiesto*) è stato di alcune migliaia di euro, dando quindi una risposta completamente sbagliata.

Praticamente è come se a un soggetto che sta guidando un'auto gli chiedi a che velocità sta andando e lui ti risponde che per saperlo devi rivolgerti al passeggero seduto sul sedile posteriore. *Quindi, per migliorare la struttura finanziaria della tua azienda o attività, occorre capire innanzi tutto come è composto un bilancio.*

I principali documenti di un bilancio

A seconda della forma giuridica dell'impresa, i principali documenti di cui si compone il bilancio e che si ritrovano nelle attività in contabilità ordinaria sono:

- lo stato patrimoniale (S.a.s., S.n.c., S.r.l., S.p.A.);
- il conto economico (S.a.s., S.n.c., S.r.l., S.p.A.);
- il rendiconto finanziario (si trova solo in alcune aziende).

Se si tratta di società di capitali (S.r.l., S.p.A. ecc.) si trovano ulteriori allegati:

- la nota integrativa;
- la relazione degli amministratori sulla gestione;
- la relazione del collegio dei sindaci revisori (se presenti in azienda).

Ognuno di questi documenti ha un compito ben preciso e per capire il bilancio della tua azienda nel suo insieme occorre conoscere sia il significato dei documenti sopra citati sia l'aiuto che la lettura e lo studio di tali documenti può darti.

SEGRETO n. 6: conoscere il bilancio e i suoi documenti ti consentirà di capire *dove* ogni fatto aziendale che si verifica nella normale attività giornaliera, andrà a incidere, se riguarderà voci dello stato patrimoniale oppure se andrà a interessare voci del conto economico.

Ti garantisco che pochi imprenditori conoscono bene questi documenti e l'importanza che essi hanno nella loro attività aziendale. Certo non occorre che diventi un commercialista, ma devi sforzarti di conoscere alcune informazioni di base che sono utilissime per gestire un'azienda. Nell'ebook analizzeremo due di questi documenti, lo *stato patrimoniale* e il *conto economico*, che sono necessari a farti capire come fare una ristrutturazione finanziaria e i settori dove si va a intervenire.

Lo stato patrimoniale

Questo documento è a mio parere il più importante tra quelli che riportano i dati di un'azienda, si ritrova in tutte le società che hanno una contabilità ordinaria e indica la situazione patrimoniale dell'azienda a un dato periodo dell'anno.

Per aiutarti a capire lo stato patrimoniale prova a immaginare di fare una fotografia a intervalli diversi (un mese, tre mesi, un anno ecc.) di un edificio in costruzione, guardando le foto ti accorgerai che ad ogni periodo corrisponde una diversa situazione dell'edificio, stessa cosa accade andando a leggere lo stato patrimoniale di un'azienda a intervalli di tempo diversi. Generalmente il documento viene prodotto a fine esercizio ma possono essere fatte situazioni patrimoniali su base mensile, trimestrale, semestrale.

Lo stato patrimoniale si suddivide in varie voci che si identificano utilizzando il piano dei conti redatto per l'azienda.

In pratica ad ogni voce che compone un bilancio viene attribuito un numero che segue una logica (per esempio tutte le voci dei ricavi, le spese telefoniche, le spese per il personale ecc.); l'insieme di questi numeri va a formare il *piano dei conti* di un'azienda. Per farti capire meglio è come se ad ogni voce di uscita o di entrata che si verifica in una famiglia si va a dare un numero di identificazione (es. spese luce 001, spese gas 002, telefono 003 ecc.).

Torniamo al nostro ragionamento, in questo caso anziché parlare di conti relativi ai costi e ricavi si parlerà di conti relativi all'attivo o al passivo dell'azienda, che si trovano all'interno dello stato patrimoniale. Lo stato patrimoniale si presenta diviso in due colonne, la colonna di sinistra dell'attivo e la colonna di destra del passivo; la prima cosa che devi sapere è che il totale della colonna dell'attivo sarà sempre uguale al totale della colonna del passivo.

Questo perché la colonna dell'attivo indica il totale del capitale investito e la colonna del passivo mostra come questo capitale investito è stato finanziato; spesso si trova anche la dicitura impieghi/attivo, fonti/passivo.

SEGRETO n. 7: il totale della colonna dell'attivo dello stato patrimoniale sarà sempre uguale al totale della colonna del passivo, perché la colonna dell'attivo indica il totale del capitale investito e la colonna del passivo mostra come questo capitale è stato finanziato.

La lettura attenta dello stato patrimoniale fornisce alcune importanti indicazioni riportate di seguito.

Lo stato patrimoniale attivo

La colonna dell'attivo si divide in due grandi macrovoci:

- le immobilizzazioni;
- l'attivo circolante.

Le immobilizzazioni indicano l'importo degli investimenti fatti dall'azienda (denominati appunto immobilizzazioni):

- immobilizzazioni immateriali (brevetti, marchi ecc.);
- immobilizzazioni materiali (immobili, terreni, attrezzature, macchinari ecc.);
- immobilizzazioni finanziarie (titoli, partecipazioni in altre società, azioni, obbligazioni ecc.).

L'attivo circolante (detto anche *a breve termine*) indica:

- i crediti ancora da incassare dai clienti;
- i crediti fiscali che ci devono essere rimborsati o da compensare;
- i saldi delle banche se sono in attivo;
- i saldi della cassa che sono disponibili;
- le rimanenze di magazzino;
- i ratei e riscontri attivi;
- altri crediti che possono essere da incassare.

Lo stato patrimoniale passivo

La colonna del passivo si divide un tre grandi macrovoci:

- il patrimonio netto;
- i debiti a medio-lungo termine (oltre l'esercizio);

- i debiti a breve termine entro l'esercizio o passivo a breve.

Il patrimonio netto indica:

- il capitale sociale dell'azienda (i soldi messi dai soci in fase di costituzione più gli eventuali aumenti di capitale fatti successivamente);
- le riserve dell'azienda (utili non distribuiti negli anni portati a riserva);
- le rivalutazioni di beni nel patrimonio dell'azienda (es. un capannone acquistato nel 1999 a un miliardo di lire e rivalutato a oggi a tre milioni di euro);
- i finanziamenti soci in conto/futuro aumento capitale;
- gli utili non distribuiti relativi ai precedenti esercizi;
- l'utile o la perdita relativa all'ultimo esercizio.

I debiti a medio-lungo termine (oltre l'anno) indicano:

- il TFR (trattamento di fine rapporto nei confronti dei dipendenti) maturato negli anni da pagare;
- i debiti a medio-lungo termine con le banche (mutui, finanziamenti chirografi);

- eventuali debiti verso terzi (es. soci) da rimborsare oltre l'esercizio;
- fondi di accantonamento su perdite (fondi rischi e oneri).

I debiti a breve termine (entro l'anno) indicano:

- debiti nei confronti dei fornitori ancora da pagare;
- debiti a breve nei confronti delle banche (scoperto c/c, anticipi fatture, ricevute bancarie);
- debiti verso l'erario (IVA, IRES, IRAP);
- debiti verso gli istituti previdenziali (INPS, INAIL ecc.);
- debiti verso i dipendenti (stipendi o rimborsi ancora da pagare);
- ratei e riscontri passivi;
- altri debiti che possono essere ancora da pagare.

Il conto economico

Questo documento si ritrova in tutte la società che hanno una contabilità ordinaria. Si presenta diviso in due colonne, la colonna di sinistra riguarda i costi mentre quella di destra indica i ricavi, oppure in forma a scalare partendo dai ricavi e continuando con i costi fino ad arrivare alla differenza finale (utile o perdita) che equivale alla sottrazione dei ricavi meno tutte le voci dei costi, tasse comprese (nell'esempio di seguito troverai questa forma grafica).

La lettura del conto economico fornisce alcune importanti indicazioni, elenchiamo le principali considerandole su base annuale ma sapendo che possono essere fatti conti economici su base mensile, trimestrale, semestrale ecc., a seconda delle necessità dell'azienda.

SEGRETO n. 8: nel conto economico vanno a confluire i costi e i ricavi che si sono verificati in azienda durante un esercizio che generalmente coincide con l'anno solare.

Il conto economico indica:

- i ricavi fatti dall'azienda nel periodo preso in esame, suddivisi in varie voci (ricavi da vendite, da produzione ecc.);
- i costi per l'acquisto delle merci che abbiamo utilizzato nella produzione;
- i costi sostenuti per il personale (comprensivi dei costi dei contributi, INAIL, ferie ecc.);
- i costi sostenuti per le spese generali (energia elettrica, costi amministrativi, consulenze ecc.);

- i costi per l'utilizzo dei beni di terzi (leasing, noleggi, affitti ecc.);
- i costi per gli oneri finanziari (derivanti dai tassi di interesse applicati dalle banche sui finanziamenti fatti all'azienda sia nel breve che nel medio-lungo termine, oltre alle spese di commissioni e altri oneri accessori);
- i costi per gli ammortamenti (relativi alla quota di deterioramento che si genera ogni anno sulle immobilizzazioni dell'azienda, sia materiali sia immateriali, che si ritrovano nello stato patrimoniale);
- gli importi delle tasse che l'azienda deve pagare relative al periodo analizzato (es. IRAP, IRES);
- l'importo degli utili o delle perdite che l'azienda ha generato nel periodo in esame.

Leggere e analizzare i dati contenuti in questi due documenti è a mio giudizio fondamentale per l'imprenditore (grande o piccolo che sia), quindi ti consiglio, nel continuare a leggere questo ebook, di tenere a portata di mano una copia del tuo bilancio.

SEGRETO n. 9: leggere e analizzare i dati che si ritrovano nello stato patrimoniale e nel conto economico è fondamentale per l'imprenditore, grande o piccolo che sia.

RIEPILOGO DEL GIORNO 2:

- SEGRETO n. 5: per fare una ristrutturazione finanziaria di qualsiasi genere occorre partire dalla lettura e analisi del bilancio consuntivo e/o previsionale dell'azienda.
- SEGRETO n. 6: conoscere il bilancio e i suoi documenti ti consentirà di capire *dove* ogni fatto aziendale che si verifica nella normale attività giornaliera andrà a incidere, se riguarderà voci dello stato patrimoniale oppure se andrà a interessare voci del conto economico.
- SEGRETO n. 7: il totale della colonna dell'attivo dello stato patrimoniale sarà sempre uguale al totale della colonna del passivo, perché la colonna dell'attivo indica il totale del capitale investito e la colonna del passivo come questo capitale è stato finanziato.
- SEGRETO n. 8: nel conto economico vanno a confluire i costi e i ricavi che si sono verificati in azienda durante un esercizio che generalmente coincide con l'anno solare.
- SEGRETO n. 9: leggere e analizzare i dati che si ritrovano nello stato patrimoniale e nel conto economico è fondamentale per l'imprenditore, grande o piccolo che sia.

GIORNO 3:
Leggere e riclassificare il bilancio

Nel capitolo precedente ti ho spiegato l'importanza del bilancio e l'utilità delle informazioni che puoi acquisire attraverso la sua attenta lettura, in questo capitolo voglio mostrarti come si presenta normalmente un bilancio e l'importanza di riclassificarlo in modo semplice ma molto utile.

Per semplicità utilizzerò lo schema di un bilancio delle società di capitali S.r.l., ma le regole valgono anche per bilanci di società di persone, ditte individuali, professionisti; cambia solo la configurazione di come si presenta.

Anni fa partecipai a un corso di formazione sulla redazione del business plan dove il docente pronunciò una frase che mi colpì particolarmente: «La media degli imprenditori italiani è molto brava a fare il conto economico dell'azienda, meno brava a fare lo stato patrimoniale».

Negli esempi dei capitoli successivi ti accorgerai che, quando si fa una ristrutturazione finanziaria, si va a intervenire sullo stato patrimoniale dell'azienda, la cui struttura e lettura è per molti imprenditori più complessa rispetto a quella del conto economico. Andando avanti nell'ebook troverai vari esempi che cercheranno di aiutarti a capire lo stato patrimoniale nelle sue parti.

SEGRETO n. 10: la media degli imprenditori italiani è molto brava a fare il conto economico dell'azienda, meno brava a fare lo stato patrimoniale. Occorre impegnarsi a capire la struttura dello stato patrimoniale.

La tabella di seguito mostra la parte numerica di un bilancio della società XXX S.r.l., il bilancio è suddiviso in due parti e si trova nella forma classica utilizzata per le società di capitali. La prima parte riguarda lo stato patrimoniale attivo e passivo, la seconda il conto economico, a seguire si trovano altri documenti che non prendiamo in esame, come i conti d'ordine (riportano principalmente i contratti di leasing, le fidejussioni prestate ecc.), la nota integrativa, la relazione sulla gestione e la relazione dei sindaci revisori (se presenti in azienda).

Nel formato in cui si presenta, il bilancio consente di avere varie informazioni, ma la loro lettura nel suo insieme non è di facile comprensione; quindi per avere una migliore interpretazione dei dati occorre riclassificare il bilancio su modelli o tabelle che, prendendo gli stessi valori e collocandoli in forma grafica diversa, offrono una migliore lettura e analisi.

SEGRETO n. 11: la forma grafica di come si presenta normalmente un bilancio non è sufficiente per un'analisi completa dei dati inseriti al suo interno.

Premetto che i dati riportati sono prettamente indicativi, e per semplicità nelle tabelle seguenti indicherò solo i totali delle singole voci di bilancio; il segno ----- indica che nella normale lettura ci sono dei numeri e la loro somma dà il totale riportato nella tabella. Faccio questo perché ai fini delle tabelle successive analizzeremo solo i totali che hanno lo scopo di farti capire meglio e in modo sintetico lo schema del bilancio. È utile precisare che tutti gli importi che sono di seguito riportati sono espressi in euro, mentre dove è riportato il simbolo % sono numeri espressi in valore percentuale.

XXXX S.r.l.
Codice fiscale 0000000 – Partita IVA 0000000
Via Pippo n. 11 – CAP XXX Roma
Numero R.E.A YYY Registro Imprese di ROMA n. 00000000
Capitale sociale € 10.000,00 i.v.
Bilancio di esercizio al 31/12/xxxx
Gli importi presenti sono espressi in unità di euro

STATO PATRIMONIALE ATTIVO	**31/12/ n+1**	**31/12/ n**
A) CREDITI VERSO SOCI P/VERS.TI ANCORA DOVUTI	0	0
B) IMMOBILIZZAZIONI		
I) IMMOBILIZZAZIONI IMMATERIALI		
1) Immobilizzazioni immateriali	-------	-------
2) Fondo ammort.e svalutaz. immob. immateriali	-------	-------
I **TOTALE IMMOBILIZZAZIONI IMMATERIALI**	2.000	1.000
II) IMMOBILIZZAZIONI MATERIALI		
1) Immobilizzazioni materiali	-------	-------
2) Fondo ammort. e svalutaz. immob. materiali	-------	-------
II **TOTALE IMMOBILIZZAZIONI MATERIALI**	120.000	80.000
III) **IMMOBILIZZAZIONI FINANZIARIE**	0	0
B) TOTALE IMMOBILIZZAZIONI	**122.000**	**81.000**
C) ATTIVO CIRCOLANTE		
I) RIMANENZE	210.000	210.000
II) CREDITI:		
1) Esigibili entro l'esercizio successivo	-------	-------
2) Esigibili oltre l'esercizio successivo	-------	-------
II TOTALE CREDITI:	230.000	180.000
III) ATTIVITÀ FINANZIARIE (non immobilizz)	0	0
IV) DISPONIBILITÀ LIQUIDE	2.000	1.000
C) TOTALE ATTIVO CIRCOLANTE	**442.000**	**391.000**
D) RATEI E RISCONTI	**1.000**	**1.000**
TOTALE STATO PATRIMONIALE ATTIVO	**565.000**	**473.000**

(A+B+C+D)

STATO PATRIMONIALE PASSIVO	**31/12/ n+1**	**31/12/ n**
A) PATRIMONIO NETTO		
I) Capitale	10.000	10.000
II) Riserva da soprapprezzo delle azioni	-------	-------
III) Riserve di rivalutazione	-------	-------
IV) Riserva legale	-------	-------
V) Riserve statutarie	-------	-------
VI) Riserva per azioni proprie in portafoglio	-------	-------
VII) Altre riserve:	-------	-------
VIII) Utili (perdite) portati a nuovo	50.000	
IX) Utile (perdita) dell'esercizio	60.000	50.000
A) TOTALE PATRIMONIO NETTO	**120.000**	**60.000**
B) FONDI PER RISCHI E ONERI	-------	-------
C) TRATTAMENTO FINE RAPPORTO LAVORO	**40.000**	**22.000**
D) **DEBITI**		
1) Esigibili entro l'esercizio successivo	**303.000**	**260.000**
2) Esigibili oltre l'esercizio successivo	**100.000**	**130.000**
D) TOTALE DEBITI		
E) RATEI E RISCONTI	**2.000**	**1.000**
TOTALE STATO PATRIMONIALE - PASSIVO	**565.000**	**473.000**

(A+B+C+D+E)

CONTO ECONOMICO	**31/12/ n+1**	**31/12/ n**
A) VALORE DELLA PRODUZIONE		
1) Ricavi delle vendite e delle prestazioni	-------	-------
5) Altri ricavi e proventi	-------	-------
TOTALE Altri ricavi e proventi	-------	-------
A)TOTALE VALORE DELLA PRODUZIONE	**1.000.000**	**900.000**
B) COSTI DELLA PRODUZIONE		
6) per materie prime, suss., di cons. e merci	500.000	470.000
7) per servizi	50.000	40.000
8) per godimento di beni di terzi	20.000	15.000
9) **per il personale**:		
a) salari e stipendi	-------	-------
b) oneri sociali	-------	-------
c) trattamento di fine rapporto	-------	-------
9) TOTALE per il personale:	260.000	230.000
10) **ammortamenti e svalutazioni**:		
a) ammort. immobilizz. immateriali	-------	-------
b) ammort. immobilizz. materiali	-------	-------
10 TOTALE ammortamenti e svalutazioni:	24.000	24.000
11)Variazione delle rimanenze materie prime	0	0
14) oneri diversi di gestione	1.000	1.000
B)TOTALE COSTI DELLA PRODUZIONE	**855.000**	**780.000**
A-B TOTALE DIFF. TRA VALORI E COSTI DI PRODUZIONE	**145.000**	**120.000**
C) PROVENTI E ONERI FINANZIARI	**(50.000)**	**(40.000)**
D) RETTIFICHE DI VALORE DI ATTIVITÀ FINANZIARIE	0	0
E) PROVENTI E ONERI STRAORDINARI		
A-B±C±D±E RISULTATO PRIMA DELLE IMPOSTE	**95.000**	**80.000**
22) Imposte reddito di esercizio	-------	-------
a) imposte correnti	-------	-------
22 TOTALE Imposte	**35.000**	**30.000**
23) Utile (perdite) dell'esercizio	**60.000**	**50.000**

Prova a prendere i valori delle tabelle precedenti e a collocarli nelle tabelle che seguono.

Stato patrimoniale	**ANNO 31/12/ n+1 Valori in euro**	Valori in %	**ANNO 31/12/ n Valori in euro**	Valori in %
Rimanenze	**210.000**	**37%**	**210.000**	**44%**
Altro attivo circolante	**233.000**	**41%**	**182.000**	**39%**
Disponibilità liquide	2.000		1.000	
Crediti entro l'esercizio (a breve)	230.000		180.000	
Ratei e risconti	1.000		1.000	
Immobilizzazioni	**122.000**	**22%**	**81.000**	**17%**
Immateriali	2.000		1.000	
Materiali	120.000		80.000	
Finanziarie	0		0	
Totale attivo	**565.000**	**100%**	**473.000**	**100%**
Passivo circolante	**305.000**	**54%**	**261.000**	**55%**
debiti a breve entro l'esercizio				
debiti a breve Vs. fornitori	100.000		70.000	
debiti a breve Vs. banche	203.000		190.000	
ratei e risconti	2.000		1.000	
Passivo a M/L termine	**140.000**	**25%**	**152.000**	**32%**
Debiti a M/L termine (oltre l'esercizio)	100.000		130.000	
Trattamento di fine rapporto (t.f.r.)	40.000		22.000	
Fondi rischi e oneri				
Mezzi propri	**120.000**	**21%**	**60.000**	**13%**
Capitale sociale	10.000		10.000	
Riserve				
Finanziamento soci				
Utili (perdite) portate a nuovo	50.000		50.000	
Utili (perdite) dell'esercizio	60.000			
Totale passivo	**565.000**	**100%**	**473.000**	**100%**

STATO PATRIMONIALE AL 31/12/ n+1

Descrizione	Importi in euro	%	Descrizione	Importi in euro	%
ATTIVO CIRCOLANTE			**PASSIVO CIRCOLANTE**		
Rimanenze	210.000		debiti a breve Vs. fornitori	100.000	
Disponibilità liquide	2.000		debiti a breve Vs. banche	203.000	
Crediti entro l'esercizio	230.000		ratei e risconti	2.000	
Ratei e risconti	1.000				
Totale attivo circolante	**443.000**	78%	**Totale passivo circolante**	**305.000**	54%
IMMOBILIZZAZIONI			**DEBITI A MEDIO-LUNGO TERMINE**		
Immateriali	2.000		Debiti a M/L termine	100.000	
Materiali	120.000		Trattamento di fine rapporto	40.000	
Finanziarie			Fondi rischi e oneri		
			Totale debiti m.l.t.	**140.000**	25%
			PATRIMONIO NETTO		
			Capitale sociale	10.000	
			Riserve		
			Finanziamento soci		
			Utili (perdite) portate a nuovo	50.000	
			Utili (perdite) dell'esercizio	60.000	
Totale immobilizzazioni	**122.000**	22%	**Totale patrimonio netto**	**120.000**	21%

Conto economico	ANNO 31/12/ n+1 Valori in euro	Valori in %	ANNO 31/12/ n Valori in euro	Valori in %
Ricavi delle vendite e prestazioni				
Variazione rimanenze prodotti finiti				
Altri ricavi e proventi				
A) Totale valore della produzione	**1.000.000**	**100%**	**900.000**	**100%**
B) Costi della produzione				
Per materie prime e merci	500.000	50%	470.000	52%
Per servizi ecc.	50.000	5%	40.000	4,4%
Variazione rimanenze	0		0	
Per godimento beni di terzi	20.000	2%	15.000	1,7%
Per il personale	260.000	26%	230.000	25,6%
Oneri diversi di gestione	1.000	0,1%	1.000	0,1%
B) Costi della produzione	**831.000**		**756.000**	
C) Margine/reddito operativo lordo (A-B) Ebitda	**169.000**	**16,9%**	**144.000**	**16%**
D) Ammortamenti	24.000	2,4%	24.000	2,7%
E) Margine/reddito operativo netto (C-D) Ebit	**145.000**	**14,5%**	**120.000**	**13,3%**
F) Proventi e oneri finanziari	-50.000	**-5%**	-40.000	**-4,4%**
Risultato ante imposte (E+F+G)	**95.000**	**9,5%**	**80.000**	**8,9%**
Imposte sul reddito d'esercizio	-35.000	3,5%	-30.000	3,3%
Utile (perdita) di periodo (reddito netto)	**60.000**	**6%**	**50.000**	**5,6%**

Flussi di cassa				
Ammortamenti	**24.000**		**24.000**	
Utile/perdita di esercizio	**60.000**		**50.000**	
Totale	**84.000**		**74.000**	

Noterai che la lettura degli stessi dati è leggermente diversa. Questo semplice esercizio consente di riclassificare il bilancio andando così a indicare accanto al valore numerico l'incidenza percentuale che questo ha su dei totali che variano a seconda che si tratti di un dato dello stato patrimoniale oppure del conto economico.

Nello stato patrimoniale il valore di riferimento sul quale si calcola il rapporto percentuale è il totale attivo e il totale passivo rispettivamente per i dati posizionati nelle colonne di competenza, mentre nel conto economico il valore di riferimento è il totale della produzione sul quale si calcola l'incidenza percentuale degli altri dati.

SEGRETO n. 12: per avere una migliore interpretazione dei dati occorre riclassificare il bilancio su modelli o tabelle che, prendendo gli stessi valori e collocandoli in forma grafica diversa, offrono una migliore lettura e interpretazione.

Quando si parla di riclassificare un bilancio si associa a tale esercizio il calcolo di tutta una serie di indici che sono molto importanti per fare un'analisi approfondita dell'azienda. Alcuni tra i più conosciuti sono il ROI (*Return On Investment*) e il ROE (*Return On Equity*), ma ve ne sono molti altri.

Al calcolo di questi indici ci pensa la banca quando va a valutare il rating dell'azienda. Lo scopo di questo ebook è insegnarti a fare una ristrutturazione finanziaria, facendoti capire da dove si parte, i benefici che si ottengono e come presentare un progetto a una banca; per far ciò non serve conoscere tutti gli indici di bilancio, vi sono molti programmi che si trovano in commercio o su Internet dove basta inserire i dati del bilancio per ottenere tutti gli indici possibili. Capire la differenza tra stato patrimoniale e conto economico, Cosa si modifica andando a fare un intervento di ristrutturazione finanziaria, i benefici che ne derivano, è a mio personale giudizio più importante che avere una lunga lista di indici di bilancio.

SEGRETO n. 13: capire la differenza tra stato patrimoniale e conto economico, cosa si modifica andando a fare un intervento di ristrutturazione finanziaria, i benefici che ne derivano, è a mio personale giudizio più importante che avere una lunga lista di indici di bilancio.

Solo per completare l'argomento e per tua maggiore informazione, voglio dirti che dalle tabelle di riclassificazione sopra rappresentate puoi comunque calcolare alcuni indici di bilancio, vediamone alcuni:

ROI (Return On Investment)
Reddito operativo (Ebit) / capitale investito (totale attivo)

ROE (Return On Equity)
Reddito netto / patrimonio netto

Incidenza oneri finanziari
Oneri finanziari / ricavi

Coverage monetario
Margine operativo lordo / oneri finanziari
Debt / equity ratio
Passivo finanziario / patrimonio netto

Indipendenza finanziaria
Patrimonio netto / Totale attivo

Giorni medi di credito ai clienti
Crediti commerciali / vendite * 365

Giorni medi di credito dai fornitori
Debiti verso fornitori / acquisti di beni e servizi * 365

Giorni medi di scorta
Rimanenze / vendite * 365

RIEPILOGO DEL GIORNO 3:

- SEGRETO n. 10: la media degli imprenditori italiani è molto brava a fare il conto economico dell'azienda, meno brava a fare lo stato patrimoniale. Occorre impegnarsi a capire la struttura dello stato patrimoniale.
- SEGRETO n. 11: la forma grafica di come si presenta normalmente un bilancio non è sufficiente per un'analisi completa dei dati inseriti al suo interno.
- SEGRETO n. 12: per avere una migliore interpretazione dei dati occorre riclassificare il bilancio su modelli o tabelle che, prendendo gli stessi valori e collocandoli in forma grafica diversa, offrono una migliore lettura e interpretazione.
- SEGRETO n. 13: capire la differenza tra stato patrimoniale e conto economico, cosa si modifica andando a fare un intervento di ristrutturazione finanziaria, i benefici che ne derivano è a mio personale giudizio più importante che avere una lunga lista di indici di bilancio.

GIORNO 4:
Ristrutturare i debiti a breve termine

Nel precedente capitolo hai imparato a leggere il bilancio riclassificandolo in modo diverso da come si trova normalmente nei formati standard. In questo capitolo entriamo nel vivo di come si fa una ristrutturazione finanziaria evidenziando le parti del bilancio che si va a modificare, migliorandole immediatamente dopo l'intervento, e le parti dove si possono avere dei benefici che si vedranno nei periodi successivi alla ristrutturazione.

Nell'esempio andiamo ad analizzare il caso della società YYY S.r.l. (queste tecniche valgono anche per una società di persone o un'attività professionale) che va a fare un intervento di ristrutturazione finanziaria sui debiti a breve termine, partendo da una breve definizione: «Per debiti finanziari a breve termine si intendono quei debiti che si chiudono entro l'anno fiscale o in periodi inferiori ai dodici mesi». Per aiutarti a capire meglio elenco alcune tipologie di *indebitamento* che possono generarsi in un'azienda e riguardare il breve termine:

- lo scoperto di conto corrente che si genera a seguito di un fido che la banca ha concesso;
- gli anticipi delle fatture o conti anticipi, in particolare se vengono anticipate sul conto, fatture di clienti che tardano a essere pagate, magari perché è in corso un contenzioso o una contestazione, oppure perché il cliente è andato in procedure straordinarie (concordato preventivo, liquidazione, fallimento ecc.);
- gli anticipi di fatture cedute a società di factoring le quali tardano a essere pagate dal cliente per i motivi del punto precedente;
- finanziamenti di durata inferiore a dodici mesi, accesi dall'azienda per finanziare ad esempio la tredicesima mensilità dei dipendenti.

Come vedi le casistiche sono varie e ogni azienda che ha necessità di una ristrutturazione finanziaria del breve termine è un caso a sé e non può essere standardizzata più di tanto, ma è possibile seguire una procedura e alcune tecniche e indicazioni che andrò a mostrarti.

SEGRETO n. 14: non è possibile standardizzare una ristrutturazione finanziaria del breve termine, ma è possibile seguire una procedura e alcune indicazioni.

Per farti capire bene di cosa si tratta riprendo alcune delle tabelle mostrate nel capitolo prendente, dove vado a cambiare i valori di bilancio, evito di riprendere il bilancio nella forma classica ma parto subito dalla sua riclassificazione.

STATO PATRIMONIALE

Bilancio riclassificato della società YYY S.r.l. (valori in euro)

Descrizione	Importi in euro	%	Descrizione	Importi in euro	%
ATTIVO CIRCOLANTE			**PASSIVO CIRCOLANTE**		
Rimanenze	100.000		Debiti a breve Vs. fornitori	170.000	
Disponibilità liquide			Debiti a breve Vs. banche	500.000	
Crediti entro l'esercizio	500.000		Ratei e risconti		
Ratei e risconti					
Totale attivo circolante	**600.000**	**82%**	**Totale passivo circolante**	**670.000**	**92%**
IMMOBILIZZAZIONI			**DEBITI A MEDIO LUNGO-TERMINE**		
Immateriali	10.000		Debiti a M/L termine)		
Materiali	120.000		Trattamento di fine rapporto	20.000	
Finanziarie			Fondi rischi e oneri		
			Totale debiti m.l.t.	**20.000**	**3%**
			PATRIMONIO NETTO		
			Capitale sociale	10.000	
			Riserve		
			Finanziamento soci		
			Utili (perdite) portate a nuovo	10.000	
			Utili (perdite) dell'esercizio	20.000	

Totale immobilizzazioni	**130.000**	**18%**	**Totale patrimonio netto**	**40.000**	**5%**
Totale attivo	**730.000**	**100%**	**Totale passivo**	**730.000**	**100%**

Dal bilancio riclassificato si evidenzia quanto segue: la società YYY S.r.l. è indebitata principalmente a breve termine, dove il 92% del suo passivo è dato dal *passivo circolante*, con tali fonti ha effettuato investimenti in immobilizzazioni pari al 18% dell'attivo. Inoltre tra i suoi crediti anticipati sui conti della banca (*debiti a breve verso banche*) vi sono fatture per circa 200.000,00 euro che hanno difficoltà a essere incassate, in quanto è in atto un contenzioso legale con il cliente.

SEGRETO n. 15: quando si fa una ristrutturazione finanziaria sul breve termine, si parte andando a intervenire sul passivo circolante dello stato patrimoniale.

Supponiamo che l'intervento di ristrutturazione finanziaria ottimale consista nel richiedere alla banca un finanziamento a sette anni dell'importo di 300.000,00 euro, con il quale si vanno a effettuare i seguenti interventi sulla struttura patrimoniale della società:

- abbassamento dei conti anticipi (*debiti a breve verso banche*) per l'importo di 200.000,00 euro, andando a chiudere gli anticipi relativi alle fatture dei clienti in contenzioso;
- reintegro di liquidità per investimenti già fatti (*immobilizzazioni*) finanziate con fonti di breve termine anziché di medio-lungo termine.

Alla fine dell'intervento avremo la seguente struttura patrimoniale:

STATO PATRIMONIALE

Bilancio riclassificato della società YYY S.r.l. (valori in euro)

Dopo la ristrutturazione finanziaria:

Descrizione	Importi	%	Descrizione	Importi	%
ATTIVO CIRCOLANTE			**PASSIVO CIRCOLANTE**		
Rimanenze	100.000		Debiti a breve Vs. fornitori	170.000	
Disponibilità liquide	**100.000**		Debiti a breve Vs. banche	**300.000**	
Crediti entro l'esercizio	500.000		Ratei e risconti		
Ratei e risconti					
Totale attivo circolante	**700.000**	84%	**Totale passivo circolante**	**470.000**	57%
IMMOBILIZZAZIONI			**DEBITI A MEDIO-LUNGO TERMINE**		
Immateriali	10.000		Debiti a M/L termine)	**300.000**	
Materiali	120.000		Trattamento di fine rapporto	20.000	
Finanziarie			Fondi rischi e oneri		
			Totale debiti m.l.t.	**320.000**	39%
			PATRIMONIO NETTO		
			Capitale sociale	10.000	
			Riserve		
			Finanziamento soci		
			Utili (perdite) portate a nuovo	10.000	
			Utili (perdite) dell'esercizio	20.000	
Totale immobilizzazioni	**130.000**	16%	**Totale patrimonio netto**	**40.000**	5%

Totale attivo	**830.000**	100 %	**Totale passivo**	**830.000**	100 %

Vediamo a confronto le due situazioni, prima e dopo la ristrutturazione con tabelle in forma sintetica:

STATO PATRIMONIALE

Bilancio riclassificato della società YYY S.r.l. (valori in euro)

Descrizione	Importi	%	Descrizione	Importi	%
ATTIVO CIRCOLANTE			PASSIVO CIRCOLANTE		
Totale attivo circolante	**600.000**	**82 %**	**Totale passivo circolante**	**670.000**	**92%**
IMMOBILIZZAZIONI			**DEBITI A MEDIO-LUNGO TERMINE**		
			Totale debiti m.l.t.	**20.000**	**3%**
			PATRIMONIO NETTO		
Totale immobilizzazioni	**130.000**	**18 %**	**Totale patrimonio netto**	**40.000**	**5%**
Totale attivo	**730.000**	**100 %**	**Totale passivo**	**730.000**	**100 %**

STATO PATRIMONIALE

Bilancio riclassificato della società YYY S.r.l. (valori in euro)

Dopo la ristrutturazione finanziaria:

Descrizione	Importi	%	Descrizione	Importi	%
ATTIVO CIRCOLANTE			**PASSIVO CIRCOLANTE**		
Totale attivo circolante	**700.000**	**84%**	**Totale passivo circolante**	**470.000**	**57%**
IMMOBILIZZAZIONI			**DEBITI A MEDIO-LUNGO TERMINE**		
			Totale debiti m.l.t.	**320.000**	**38%**
			PATRIMONIO NETTO		
Totale immobilizzazioni	**130.000**	**16%**	**Totale patrimonio netto**	**40.000**	**5%**
Totale attivo	**830.000**	**100 %**	**Totale passivo**	**830.000**	**100 %**

Dal confronto delle due tabelle si nota come dall'intervento di ristrutturazione finanziaria si sia riusciti a migliorare sensibilmente la struttura patrimoniale, spostando parte dei debiti dal breve termine al medio-lungo termine.

Infatti prima dell'intervento avevamo:

- debiti a breve (passivo circolante) 92%;
- debiti a medio-lungo termine 3%.

Dopo abbiamo questa situazione:

- debiti a breve (passivo circolante) 57%;
- debiti a medio-lungo termine 38%.

La cosa più importante dell'esempio è farti notare i benefici che derivano da tale intervento, indicandoti dove si manifestano (se nel conto economico o nello stato patrimoniale) e suddividendoli in immediati e futuri.

SEGRETO n. 16: ricordati sempre, in ogni intervento di ristrutturazione finanziaria, di fare un elenco dei benefici che ne derivano, sia immediati sia futuri.

Ritengo il Segreto n. 16 uno tra i più importanti che imparerai leggendo questo ebook e ti invito a tenerlo sempre ben presente. Molto spesso infatti di fronte a un intervento di ristrutturazione finanziaria sul breve termine, la prima cosa che viene messa in evidenza dall'imprenditore e da alcuni suoi collaboratori è il risparmio degli oneri finanziari.

La frase classica è: «Estinguo il breve termine dove mi viene applicato il tasso 3,5% dalla banca e faccio un finanziamento a medio termine al tasso del 2,5%, così risparmio l'1% del tasso applicato con minori oneri finanziari».

Chiaramente i valori sono indicativi per farti capire meglio l'esempio. Questa affermazione corrisponde molto spesso alla verità ma mette in evidenza solo una piccola parte dei benefici che si ottengono con l'intervento di ristrutturazione.

SEGRETO n. 17: «Estinguo il breve termine dove mi viene applicato il tasso xx% dalla banca e faccio un finanziamento a medio termine al tasso del yy%, così risparmio z% del tasso applicato con minori oneri finanziari». Vai oltre questa affermazione e analizza tutti i benefici derivanti dall'intervento di ristrutturazione.

Riprendendo il nostro esempio voglio farti notare i benefici che l'azienda andrà ad avere dopo l'intervento di ristrutturazione.

Alcuni dei benefici *immediati* dopo l'intervento:

Descrizione	**Dove vanno a incidere**
Migliore equilibrio tra passivo e attivo dello stato patrimoniale.	Dopo l'intervento avremo un'azienda dove l'attivo a breve è superiore al passivo a breve e dove le immobilizzazioni sono completamente finanziate dal patrimonio netto e dai debiti a medio termine.
Minor costo degli oneri finanziari dovuto alla differenza tra gli interessi applicati dalla banca sul conto anticipi, generalmente superiori rispetto agli interessi applicati sul finanziamento a medio termine.	Benefici sul conto economico per la diminuzione degli oneri finanziari.

Alcuni dei benefici *futuri* dopo l'intervento:

Descrizione	**Dove vanno a incidere**
Miglioramento del rating.	Benefici sul conto economico per la diminuzione degli oneri finanziari applicati dalle banche dovuti al rating migliore.
Miglioramento della centrale rischi.	Ciò è dovuto alla chiusura di fatture per 200.000,00 euro di clienti in contenzioso che generavano ritardi per la chiusura dei conti anticipi.
Maggiore capacità di acquisto.	La liquidità di circa 100.000,00 euro che deriva dall'intervento consente di migliorare il potere di acquisto dell'azienda nei confronti dei suoi fornitori, con potenziali benefici in termini di maggiori sconti e quindi minori costi sul conto economico.

Maggiore credibilità nei confronti dei fornitori.	Un'azienda sana ed equilibrata godrà sicuramente di un'attenzione maggiore da parte dei fornitori che saranno disposti a concederle maggiori sconti rispetto a un'azienda a rischio default.

Cosa occorre per fare l'intervento

Abbiamo detto che, per fare la ristrutturazione finanziaria, la società YYY S.r.l. necessita di richiedere un finanziamento a sette anni di 300.000,00 euro. A questo punto occorre andare ad analizzare nell'ultimo bilancio della società il *conto economico* e vedere se vi sono le fonti di rimborso sufficienti a far fronte alle rate del finanziamento ipotizzato; procediamo con la nostra analisi.

CONTO ECONOMICO

Bilancio riclassificato della società YYY S.r.l. (valori in euro)

Conto economico	ANNO 31/12/ n+1	Valori in %	ANNO 31/12/ n	Valori in %
Ricavi delle vendite e prestazioni				
Variazione rimanenze prodotti finiti				
Altri ricavi e proventi				
C) Totale Valore della produzione	**1.200.000**	**100%**	**1.100.000**	**100%**
D) Costi della produzione				
Per materie prime e merci	700.000	58,3%	650.000	59,1%
Per servizi ecc.	90.000	7,5%	80.000	7,3%
Variazione rimanenze	0		0	
Per godimento beni di terzi	30.000	2,5%	25.000	2,3%
Per il personale	270.000	22,5%	255.000	23,2%
Oneri diversi di gestione	1.000	0,1%	1.000	0,1%
B) Costi della produzione	**1.101.000**	**90,9 %**	**1.021.000**	**91,9 %**
C) Margine operativo lordo (A-B)	**109.000**	**9,1%**	**89.000**	**8,1%**
D) Ammortamenti	40.000	3,3%	40.000	3,6%
E) Margine operativo netto (C-D)	**69.000**	**5,8%**	**49.000**	**4,5%**
F) Proventi e oneri finanziari	-35.000	2,9%	-30.000	2,7%
Risultato ante imposte (E+F+G)	**34.000**	**2,8%**	**19.000**	**1,7%**
Imposte sul reddito d'esercizio	-14.000	1,2%	-9.000	0,8%
Utile (perdita) di periodo	**20.000**	**1,7%**	**10.000**	**0,9%**

Flussi di cassa (cash flow)				
Ammortamenti	40.000		40.000	
Utile/perdita di esercizio	20.000		10.000	
Totale	**60.000**		**50.000**	

SEGRETO n. 18: dopo aver stabilito l'importo dell'intervento di ristrutturazione finanziaria da richiedere alla banca, occorre in via preventiva analizzare se l'azienda (o attività) ha le fonti di rimborso sufficienti per far fronte al finanziamento e alle varie scadenze.

Dopo aver calcolato le fonti di rimborso o cash flow della società YYY, è utile fare il calcolo di quanto incide il finanziamento nella quota capitale e nella quota interessi, per far ciò occorre sviluppare il finanziamento facendo una simulazione del suo piano di ammortamento nei setti anni.

Per fare questo calcolo debbiamo prendere a riferimento il costo del denaro, per esempio Euribor a sei mesi (se pensiamo a un finanziamento con rata semestrale) e fare una simulazione in base agli anni. Trovare questo valore è molto semplice, basterà collegarsi a Internet, andare su Google e digitare "Euribor a 6 mesi"; usciranno vari siti che riportano il dato.

Cerca Euribor a 6 mesi

Indice Mutui Aggiornati: Euribor 1 mese, Euribor 3 mesi, Euribor 6 ...
Indici dei mutui aggiornati. **Euribor** 1 mese, **Euribor** 3 mesi, **Euribor 6 mesi** per i mutui a tasso variabile. IRS 10 anni, IRS 15 anni, IRS 20 anni, ...
*www.telemutuo.it/**euribor**-aggiornato.php* - Copia cache - Simili
Euribor:Andamento Storico
Andamento storico **Euribor**. Rilevazione delle medie degli indici principalmente usati per i mutui (1 mese; 3 mesi; **6 mesi**). ...
*www.telemutuo.it/culturamutui/**euribor**-storico.php* - Copia cache - Simili
Serie storica Euribor a tre mesi e sei mesi
Le scadenze più importanti che vengono rilevate sono l'**Euribor** a 3 mesi e l'**Euribor a 6 mesi** e vengono normalmente pubblicate sulla sezione economica dei ...
*www.rivaluta.it/tassi/**euribor**_3**mesi**.htm* - Copia cache - Simili
MutuiOnline
Euribor 360, **Euribor** 365. 1 mese, 0,42%, 0,42%. 2 mesi, 0,52%, 0,52%. 3 mesi, 0,65%, 0,66%. 4 mesi, 0,76%, 0,77%. 5 mesi, 0,85%, 0,86%. **6 mesi**, 0,96%, 0,97% ...
mutuionline.24oreborsaonline.ilsole24ore.com/.../osservatorio.asp - Copia cache - Simili
Euribor.it - I tassi oggi
La media mensile dell'**euribor** a febbraio ha registrato il minimo storico: 0,43% per l'**euribor** 1 mese, 0,67% per l'**euribor** 3 **mesi** e 0,97% per l'**euribor 6** ...
www.euribor.it/ - Copia cache - Simili

Supponiamo di entrare nell'ultimo sito, quello sottolineato, dove troveremo una tabella con i tassi Euribor aggiornati.

I tassi oggi: tasso variabile

Euribor 360	**05/03/10**	04/03/10	03/03/10	02/03/10	01/03/10
1 mese	0,42%	0,41%	0,41%	0,42%	0,42%
3 mesi	0,65%	0,65%	0,66%	0,66%	0,66%
6 mesi	0,96%	0,96%	0,96%	0,96%	0,96%

Tasso fisso

Eurirs-IRS	**05/03/10**	04/03/10	03/03/10	02/03/10	01/03/10
5 anni	2,50%	2,49%	2,49%	2,47%	2,46%
10 anni	3,37%	3,38%	3,39%	3,35%	3,35%
15 anni	3,76%	3,77%	3,77%	3,74%	3,73%
20 anni	3,90%	3,88%	3,89%	3,85%	3,85%
25 anni	3,87%	3,87%	3,89%	3,83%	3,82%
30 anni	3,79%	3,78%	3,79%	3,75%	3,74%

Per il nostro esempio prendiamo il valore riportato in tabella (0,96%) e a questo valore aggiungiamo un 1,5% che è lo spread ipotetico che può prendersi la banca su operazioni di mutuo. A questo punto per aiutarti a capire meglio è opportuno dare una breve spiegazione di cosa è lo spread e come viene calcolato dalla banca.

Lo spread rappresenta il guadagno per la banca che concede un finanziamento nelle varie forme tecniche. L'aliquota varia in genere fra lo 0,5 e il 2%.

Lo spread sommato al tasso interbancario di riferimento (Eurirs o Irs nel caso dei mutui a tasso fisso, Euribor nel caso dei mutui o finanziamenti a tasso variabile) determina il tasso di interesse applicato. Il termine spread si può tradurre nella nostra lingua come "scarto" o "margine". In ogni caso è ormai consuetudine utilizzare questo vocabolo.

Si parte dal tasso di base (Eurirs o Euribor) e si aggiunge un ricarico, è la banca che decide quale sarà la percentuale di ricarico che sarà il suo margine di guadagno. Lo spread serve per consentire alla banca di coprire le spese di gestione e le spese per la pratica, nonché i rischi dell'operazione.

Il principio è lo stesso degli scambi commerciali. Da una parte abbiamo il commerciante (in questo caso la banca) che compra un prodotto (il denaro) a un prezzo (il tasso di scambio interbancario) e poi lo rivende al cliente dopo averlo ricaricato di un margine di guadagno: il famoso spread.
Fonte: http://www.info-mutui.it/tassi-di-riferimento/significato-di-spread.html

Quindi abbiamo stabilito di fare un finanziamento di 300.000,00 euro in sette anni al tasso annuo di Euribor a sei mesi dello 0,96% + 1,5%, quindi al tasso di 2,5% (arrotondato).

A questo punto andiamo di nuovo in Internet su Google, digitiamo la frase "Calcola rata di mutuo" e troviamo diversi siti dove è possibile inserire i valori e avere una simulazione del piano del finanziamento.

Calcola rata di mutuo

CALCOLO RATA MUTUO - Calcolatrice **mutui** per il **calcolo** della **rata ...**
In questa pagina hai la possibilità **di** effettuare online un **calcolo** della tua **rata** ideale **di mutuo**, impostando l'importo totale del finanziamento, ...
*www.miglior**mutuo**.it/**calcolo_rata_mutuo**.asp* - Copia cache - Simili
CALCOLATRICE **MUTUO** - Calcolatrice **rata mutuo**
Inserisci la calcolatrice **rata mutuo** sul tuo sito. ... Primi nei motori **di** ricerca! ... settore finanziario e vuoi dare un elemento **di** professionalità al tuo sito web puoi prelevare gratuitamente il box con il **calcolo rata** del **mutuo**. ...
*www.miglior**mutuo**.it/**calcolo_rata**.asp* - Copia cache - Simili
MutuiOnline-Confronta **mutui di** 40 banche. **Mutuo** casa ai migliori tassi
Hai più **di** 65 anni e la casa **di** proprietà? Finanziati senza **rate**. Assicura il tuo **utuo**. Con una polizza vita proteggi i tuoi cari e la tua casa ...
*www.**mutui**online.it/* - Copia cache - Simili
Calcolo della **rata** del **mutuo** - Guide e strumenti utili MutuiOnline
Calcolo della **rata** del **mutuo**.

Io utilizzo spesso per lavoro questo sito http://www.toptrento.com/servizi/creapiano.asp, dove posso sviluppare la simulazione del piano di mutuo e finanziamento.

Nel nostro esempio, mettiamo i dati dell'importo 300.000,00 euro, il tasso 2,5%, il tipo di rata semestrale, la durata in rate (sette anni = quattordici rate semestrali), la data ipotetica di inizio, es. 31/12/2010, e digitiamo *Calcola*; avremo tutto lo sviluppo del mutuo nei sette anni suddiviso in spesa del capitale e degli interessi.

Calcolo piano di ammortamento mutuo

Importo in euro	300.000,00
Periodicità	Semestrale
Tasso	2,5%
Estinguibile in anni	7
Data erogazione mutuo	31/12/2010

Così avremo un'idea di come si svolgerà il finanziamento, sapendo l'importo della rata semestrale e annuale ma, cosa più importante, potremo verificare se i flussi di cassa prodotti nel conto economico sono sufficienti a coprire la quota capitale.

SEGRETO n. 19: calcola il piano di rimborso del finanziamento, così avrai in via preventiva le quote capitale annue che dovrai rimborsare e le quote indicative degli interessi.

Tabella di calcolo mutuo riferita al nostro esempio:

Importo mutuo = 300.000
Tasso = 2,5% TAEG = 2,52%
Durata in 7 anni
Periodicità = semestrale
Importo rata = 23.491,54
Data erogazione = 31/12/2010
Tot. anno rate = 46.983,08
Totale rate = 328.881,61
Valori in euro

n.	Scadenza	Importo rata	Quota interessi	Quota capitale	Debito residuo
1	**31/06/2011**	23.491,54	3.750,00	**19.741,54**	280.258,46
2	**30/12/2011**	23.491,54	3.503,23	**19.988,31**	260.270,14
3	**30/06/2012**	23.491,54	3.253,38	**20.238,16**	240.031,98
4	**30/12/2012**	23.491,54	3.000,40	**20.491,14**	219.540,83
5	30/06/2013	23.491,54	2.744,26	20.747,28	198.793,55
6	30/12/2013	23.491,54	2.484,92	21.006,62	177.786,92
7	30/06/2014	23.491,54	2.222,34	21.269,21	156.517,72
8	30/12/2014	23.491,54	1.956,47	21.535,07	134.982,64
9	30/06/2015	23.491,54	1.687,28	21.804,26	113.178,38
10	30/12/2015	23.491,54	1.414,73	22.076,81	91.101,57
11	30/06/2016	23.491,54	1.138,77	22.352,77	68.748,78
12	30/12/2016	23.491,54	859,36	22.632,18	46.116,61
13	30/06/2017	23.491,54	576,46	22.915,09	23.201,52
14	30/12/2017	23.491,54	290,02	23.201,52	,00
Totali		**328.881,61**	**28.881,61**	**300.000,00**	

Fonte: http://www.toptrento.com/servizi/creapiano.asp

TABELLA A. Dati presi a p. 73-74 dell'esempio (valori in euro):

Flussi di cassa	**ANNO 31/12/n+1 (euro)**	Valori in %	**ANNO 31/12/ n (euro)**	Valori in %
Ammortamenti	40.000		40.000	
Utile/perdita di esercizio	20.000		10.000	
Totale	**60.000**		**50.000**	

TABELLA B. Dati presi a pag. 81 dell'esempio (valori in euro):

Quota capitale del finanziamento	**Anno 2011 (euro)**		**Anno 2012 (euro)**	
Primo semestre	**19.741,54**		**20.238,16**	
Secondo semestre	**19.988,31**		**20.491,14**	
Totale	**39.729**		**40.729**	

Totale A-B	**20.271**		**9.721**	

Il risultato A-B indicato nelle tabelle sta a significare che l'azienda negli ultimi due esercizi aveva già flussi di cassa sufficienti per far fronte a un finanziamento come quello ipotizzato di 300.000,00 euro in sette anni.

In questo caso si utilizza il temine tecnico di *fonti di rimborso storiche* dell'azienda a fronte di una richiesta di finanziamento.

Questo perché i due anni già trascorsi stanno a indicare un dato storico e non futuro. È importante sapere che le fonti di rimborso si dividono in *storiche* e *previsionali*: quelle storiche riguardano l'analisi dei bilanci passati come nell'esempio sopra esposto, mentre quelle previsionali riguardano i bilanci futuri che devono ancora svilupparsi (nel capitolo successivo andrò a farti un esempio per spiegarti come si ottengono le fonti di rimborso previsionali).

SEGRETO n. 20: confronta i primi due-tre anni del piano di rimborso con i flussi di cassa storici dell'azienda, potrai così valutare se il finanziamento pensato può essere sostenuto.

RIEPILOGO DEL GIORNO 4:

- SEGRETO n. 14: non è possibile standardizzare una ristrutturazione finanziaria del breve termine, ma è possibile seguire una procedura e alcune indicazioni.
- SEGRETO n. 15: quando si fa una ristrutturazione finanziaria sul breve termine, si parte andando a intervenire sul passivo circolante dello stato patrimoniale.
- SEGRETO n. 16: ricordati sempre, in ogni intervento di ristrutturazione finanziaria, di fare un elenco dei benefici che ne derivano, sia immediati sia futuri.
- SEGRETO n. 17: «Estinguo il breve termine dove mi viene applicato il tasso xx% dalla banca e faccio un finanziamento a medio termine al tasso del yy%, così risparmio z% del tasso applicato con minor oneri finanziari». Vai oltre questa affermazione e analizza tutti i benefici derivanti dall'intervento di ristrutturazione.
- SEGRETO n. 18: dopo aver stabilito l'importo dell'intervento di ristrutturazione finanziaria da richiedere alla banca, occorre in via preventiva analizzare se l'azienda (o attività) ha le fonti di rimborso sufficienti per far fronte al finanziamento e alle varie scadenze.

- SEGRETO n. 19: calcola il piano di rimborso del finanziamento, così avrai in via preventiva le quote capitale annue che dovrai rimborsare e le quote indicative degli interessi.
- SEGRETO n. 20: confronta i primi due-tre anni del piano di rimborso con i flussi di cassa storici dell'azienda, potrai così valutare se il finanziamento pensato può essere sostenuto.

GIORNO 5:

Ristrutturare i debiti a medio-lungo termine

Un altro tipo di ristrutturazione finanziaria che può essere fatta in un’azienda riguarda i debiti a medio-lungo termine. Rispetto alla tipologia precedente di ristrutturazione citata nel Capitolo 4, occorre fare alcune considerazioni e specificare che si tratta di debiti contratti dall’azienda per periodi superiori a un anno. Tali debiti sono indicati all’interno dello stato patrimoniale nella sezione del medio-lungo termine (vedi sezione in corsivo).

ATTIVO CIRCOLANTE			PASSIVO CIRCOLANTE		
Totale attivo circolante			**Totale passivo circolante**		
IMMOBILIZZAZIONI			***DEBITI A MEDIO-LUNGO TERMINE***		
			Totale debiti m.l.t.		
			PATRIMONIO NETTO		
Totale immobilizzazioni			**Totale patrimonio netto**		
Totale attivo			**Totale passivo**		

SEGRETO n. 21: quando si fa una ristrutturazione finanziaria sul medio-lungo termine, andiamo a intervenire sui debiti collocati nella sezione a medio-lungo termine dello stato patrimoniale.

Per aiutarti a capire meglio elenco alcune tipologie di indebitamento che possono generarsi in un'azienda e riguardare il medio-lungo termine:

- mutui ipotecari contratti dall'azienda per acquistare immobili, generalmente da dieci a vent'anni;
- finanziamenti chirografi generalmente da tre a dieci anni;
- sono considerati debiti a medio-lungo termine anche i leasing immobiliari o strumentali, che non si ritrovano nello stato patrimoniale dell'azienda, perché la loro collocazione è nei conti d'ordine indicati nel bilancio;
- possono essere considerati finanziamenti a medio termine anche quelli fatti dai soci o da terzi alla società, la quale dovrà restituirli al soggetto finanziatore.

Entriamo nel vivo di come si fa una ristrutturazione finanziaria di medio-lungo termine, evidenziando le parti del bilancio che si va a modificare migliorandole immediatamente dopo l'intervento e le parti dove si potranno avere dei benefici che si vedranno nei periodi successivi alla ristrutturazione.

Nell'esempio andiamo ad analizzare il caso della società di capitali YYY S.r.l. (queste tecniche valgono anche per una società di persone o un'attività professionale) partendo da una breve definizione: «Per debiti finanziari a medio-lungo termine si intendono quei debiti che non si chiudono entro l'anno fiscale o che hanno una durata superiore ai dodici mesi.»

Anche qui le casistiche sono varie e ogni azienda che ha necessità di fare una ristrutturazione finanziaria di medio-lungo termine è un caso a sé e non può essere standardizzata, ma è possibile seguire una procedura, alcune tecniche e indicazioni che andrò a mostrarti.

SEGRETO n. 22: non è possibile standardizzare una ristrutturazione finanziaria dell'indebitamento del medio-lungo termine, ma è possibile seguire una procedura e alcune indicazioni.

Riprendiamo alcune delle tabelle mostrate nei capitoli prendenti, dove andiamo a cambiare i valori di bilancio, evitando di riprendere il bilancio nella forma classica ma partiamo subito dalla sua riclassificazione.

STATO PATRIMONIALE

Bilancio riclassificato della società YYY S.r.l. (valori in euro)

Descrizione	Importi in euro	%	Descrizione	Importi in euro	%
ATTIVO CIRCOLANTE			**PASSIVO CIRCOLANTE**		
Rimanenze	100.000		Debiti a breve Vs. fornitori	150.000	
Disponibilità liquide			Debiti a breve Vs. banche	200.000	
Crediti entro l'esercizio	400.000		Ratei e risconti		
Ratei e risconti					
Totale attivo circolante	**500.000**	55%	**Totale passivo circolante**	**350.000**	38%
IMMOBILIZZAZIONI			**DEBITI A MEDIO-LUNGO TERMINE**		
Immateriali	10.000		**Debiti a M/L termine)**	**500.000**	
Materiali	400.000		Trattamento di fine rapporto	20.000	
Finanziarie			Fondi rischi e oneri		
			Totale debiti m.l.t.	**520.000**	57%
			PATRIMONIO NETTO		
			Capitale sociale	10.000	
			Riserve	10.000	
			Finanziamento soci		
			Utili (perdite) dell'esercizio	20.000	
Totale immobilizzazioni	**410.000**	45%	**Totale patrimonio netto**	**40.000**	5%
Totale attivo	**910.000**	100 %	**Totale passivo**	**910.000**	100 %

Dal bilancio riclassificato si evidenzia quanto segue:

- la società YYY S.r.l. ha già una buona struttura patrimoniale in quanto è indebitata principalmente a medio-lungo termine (57% più un 5% di mezzi propri a fronte di immobilizzazioni pari al 45% del totale attivo;
- gli attuali debiti a medio-lungo termine di 500.000,00 euro sono il residuo di un finanziamento chirografo che andrà a scadere nei prossimi quattro anni, inoltre la società ha in essere un leasing immobiliare del valore residuo di 200.000,00 euro, che ha ancora quattro anni di durata e assorbe circa 50.000,00 euro all'anno tra quota capitale e interessi.

L'azienda ha la necessità di fare una ristrutturazione del debito di medio-lungo termine per i seguenti motivi:

- gli attuali debiti a medio termine sono stati contratti con durata troppo breve, generando così una rata di rimborso di importo elevato con conseguente difficoltà di far fronte alle scadenze da parte dell'azienda;

- nei crediti a breve termine vi sono difficoltà di incasso con conseguente mancanza di liquidità in azienda per far fronte ai pagamenti, tra i quali le quote di rimborso dei finanziamenti accesi;
- in un momento di congiuntura economica difficile come quello attuale, può essere utile per l'azienda rimodulare il suo debito a medio-lungo termine allungando il periodo di restituzione, ciò consentirà di avere meno pressioni finanziarie e di concentrarsi più sull'aspetto della ricerca di nuovo lavoro e nuovi clienti solvibili.

Supponiamo che l'intervento di ristrutturazione finanziaria ottimale consista nel richiedere alla banca un finanziamento a dieci anni dell'importo 800.000,00 euro, composto dai 500.000,00 euro dei debiti attuali, più 200.000,00 euro necessari a estinguere il leasing residuo, più 100.000,00 euro di nuova liquidità da immettere in azienda.

Facendo questo intervento si otterrà la seguente struttura patrimoniale della società:

STATO PATRIMONIALE

Bilancio riclassificato della società YYY S.r.l. (valori in euro)

Dopo la ristrutturazione finanziaria:

Descrizione	Importi in euro	%	Descrizione	Importi in euro	%
ATTIVO CIRCOLANTE			PASSIVO CIRCOLANTE		
Rimanenze	**100.000**		Debiti a breve Vs. fornitori	150.000	
Disponibilità liquide	**100.000**		Debiti a breve Vs. banche	200.000	
Crediti entro l'esercizio	**400.000**		Ratei e risconti		
Ratei e risconti					
Totale attivo circolante	**600.000**	49%	**Totale passivo circolante**	**350.000**	29%
IMMOBILIZZAZIONI			**DEBITI A MEDIO LUNGO-TERMINE**		
Immateriali	10.000		**Debiti a M/L termine)**	**800.000**	
Materiali	**600.000**		Trattamento di fine rapporto	20.000	
Finanziarie			Fondi rischi e oneri		
			Totale debiti m.l.t.	**820.000**	68%
			PATRIMONIO NETTO		
			Capitale sociale	10.000	
			Riserve		
			Finanziamento soci		
			Utili (perdite) portate a nuovo	10.000	
			Utili (perdite) dell'esercizio	20.000	
Totale immobilizzazioni	**610.000**	51%	**Totale patrimonio netto**	**40.000**	3%
Totale attivo	**1.210.000**	100%	**Totale passivo**	**1.210.000**	100%

Vediamo le due situazioni, prima e dopo la ristrutturazione, con tabelle in forma sintetica:

STATO PATRIMONIALE

Bilancio riclassificato della società YYY S.r.l. (valori in euro)

Descrizione	Importi	%	Descrizione	Importi	%
ATTIVO CIRCOLANTE			**PASSIVO CIRCOLANTE**		
Totale attivo circolante	**500.000**	**55%**	**Totale passivo circolante**	**350.000**	**38%**
IMMOBILIZZAZIONI			**DEBITI A MEDIO-LUNGO TERMINE**		
			Totale debiti m.l.t.	**520.000**	**57%**
			PATRIMONIO NETTO		
Totale immobilizzazioni	**410.000**	**45%**	**Totale patrimonio netto**	**40.000**	**5%**
Totale attivo	**910.000**	**100%**	**Totale passivo**	**910.000**	**100%**

STATO PATRIMONIALE

Bilancio riclassificato della società YYY S.r.l. (valori in euro)

Dopo la ristrutturazione finanziaria:

Descrizione	**Importi**	%	**Descrizione**	**Importi**	%
ATTIVO CIRCOLANTE			**PASSIVO CIRCOLANTE**		
Totale attivo circolante	**600.000**	49%	**Totale passivo circolante**	**350.000**	29%
IMMOBILIZZAZIONI			**DEBITI A MEDIO-LUNGO TERMINE**		
			Totale debiti m.l.t.	**820.000**	68%
			PATRIMONIO NETTO		
Totale immobilizzazioni	**610.000**	51%	**Totale patrimonio netto**	**40.000**	3%
Totale attivo	**1.210.000**	100 %	**Totale passivo**	**1.210.000**	100%

Dal confronto delle due tabelle si nota come a partire dall'intervento di ristrutturazione finanziaria si sia modificata la struttura patrimoniale.

Ora andiamo a evidenziare i benefici che derivano da tale intervento, indicando dove si manifestano (conto economico o stato patrimoniale) e suddividendoli in *immediati* e *futuri*.

SEGRETO n. 23: quando fai un intervento di ristrutturazione finanziaria a medio-lungo termine, ricordati di fare un elenco dei benefici che ne derivano, sia *immediati* sia *futuri*.

Alcuni dei benefici *immediati* dopo l'intervento:

Descrizione	**Dove vanno a incidere**
Miglioramento dei flussi di cassa dell'azienda.	Dopo l'intervento avremo un'azienda dove la quota di rimborso capitale annuale è coperta dai flussi di cassa dell'azienda.
Aumento del patrimonio aziendale, dovuto alla chiusura del leasing immobiliare in corso che porta nelle immobilizzazioni materiali il bene immobile.	Benefici in termini del valore patrimoniale dell'azienda, all'interno del quale si va a collocare l'immobile che precedentemente era in leasing.
Possibile minor costo degli oneri finanziari, dovuto alla differenza tra gli interessi applicati dalla banca sul nuovo finanziamento rispetto a quelli applicati sul finanziamento già in essere più quelli applicati sui leasing.	Benefici sul conto economico per la diminuzione degli oneri finanziari.

Alcuni dei benefici *futuri* dopo l'intervento:

Descrizione	**Dove vanno a incidere**
La minore pressione finanziaria, dovuta all'abbassamento della quota capitale da restituire annualmente porta dei benefici in termini di minor rischio di insolvenza alle scadenze, e l'imprenditore può concentrarsi nella ricerca di nuovi clienti o in altre aree dell'azienda.	Possibili benefici sul conto economico per l'opportunità di ricercare nuovi ricavi o di ottimizzare alcuni costi.
Per le minori possibilità di insolvenza in prospettiva si può ottenere un miglioramento del rating e una buona centrale rischi.	Infatti basta una rata dei finanziamenti non pagata per accendere tutta una serie di indicatori negativi sull'azienda. L'abbassamento della quota capitale annuale e il conseguente abbassamento del possibile non rispetto delle scadenze può evitare questo rischio.

Maggiore capacità di acquisto.	La liquidità di circa 100.000,00 euro che deriva dall'intervento consente di migliorare il potere di acquisto dell'azienda nei confronti dei suoi fornitori, con potenziali benefici in termini di maggiori sconti e quindi minori costi sul conto economico.

Cosa occorre per fare l'intervento

Abbiamo detto che per fare la ristrutturazione finanziaria a medio-lungo termine necessita di richiedere un finanziamento a dieci anni di 800.000,00 euro.

Anche in questo caso occorre andare ad analizzare nell'ultimo bilancio della società YYY S.r.l. il *conto economico* e vedere se vi sono le fonti di rimborso sufficienti a far fronte alle rate del finanziamento ipotizzato; procediamo con la nostra analisi.

CONTO ECONOMICO

Bilancio riclassificato della società YYY S.r.l. (valori in euro)

Conto economico	**ANNO 31/12/ n+1**	Valori in %	**ANNO 31/12/ n**	Valori in %
Ricavi delle vendite e prestazioni				
Variazione rimanenze prodotti finiti				
Altri ricavi e proventi				
E) Totale Valore della produzione	**1.200.000**	**100%**	**1.100.000**	**100%**
F) Costi della produzione				
Per materie prime e merci	700.000	58,3%	650.000	59,1%
Per servizi ecc.	90.000	7,5%	80.000	7,32%
Variazione rimanenze	0		0	
Per godimento beni di terzi	30.000	2,5%	25.000	2,3%
Per il personale	270.000	22,5%	255.000	23,2%
Oneri diversi di gestione	1.000	0,1%	1.000	0,1%
B) Costi della produzione	**1.101.000**	**90,9 %**	**1.021.000**	**91,9 %**
C) Margine operativo lordo (A-B)	**109.000**	**9,1%**	**89.000**	**8,1%**
D) Ammortamenti	40.000	3,3%	40.000	3,6%
E) Margine operativo netto (C-D)	**69.000**	**5,8%**	**49.000**	**4,5%**
F) Proventi e oneri finanziari	-35.000	2,9%	-30.000	2,8%
Risultato ante imposte (E+F+G)	**34.000**	**2,8%**	**19.000**	**1,7%**
Imposte sul reddito d'esercizio	-14.000	1,2%	-9.000	0,8%
Utile (perdita) di periodo	**20.000**	**1,7%**	**10.000**	**0,9%**

Flussi di cassa	**ANNO 31/12 /n+1**		**ANNO 31/12/ n**	
Ammortamenti	40.000		40.000	
Utile/perdita di esercizio	20.000		10.000	
Quota capitale attualmente assorbita dal leasing	40.000		40.000	
Totale	**100.000**		**90.000**	

SEGRETO n. 24: anche per fare una ristrutturazione finanziaria di medio-lungo termine, occorre in via preventiva analizzare se l'azienda (o attività) ha le fonti di rimborso sufficienti per far fronte al finanziamento e alle varie scadenze.

Dopo aver calcolato le fonti di rimborso o cash flow della società YYY, occorre fare il calcolo di quanto andrà a incidere il finanziamento ipotizzato nella quota capitale e nella quota interessi, per far ciò è utile sviluppare il finanziamento facendo una simulazione del suo piano di ammortamento nei dieci anni.

Come nel precedente esempio del Capitolo 4, prendiamo a riferimento il costo del denaro, per esempio Euribor a tre mesi (se pensiamo a un finanziamento con rata trimestrale) e facciamo una simulazione in base agli anni; riporto per semplicità la stessa procedura usata nel capitolo precedente.

Basterà andare in Internet, all'interno del motore di ricerca Google, e digitare "Euribor a 3 mesi". Usciranno vari siti che riportano il dato.

Cerca Euribor a 3 mesi

Indice Mutui Aggiornati: Euribor 1 mese, Euribor 3 mesi, Euribor 6 ...
Indici dei mutui aggiornati. **Euribor** 1 mese, **Euribor** 3 mesi, **Euribor 6 mesi** per i mutui a tasso variabile. IRS 10 anni, IRS 15 anni, IRS 20 anni, **...**
*www.telemutuo.it/**euribor**-aggiornato.php* - Copia cache - Simili
Euribor:Andamento Storico
Andamento storico **Euribor**. Rilevazione delle medie degli indici principalmente usati per i mutui (1 mese; 3 mesi; **6 mesi**). **...**
*www.telemutuo.it/culturamutui/**euribor**-storico.php* - Copia cache - Simili
Serie storica Euribor a tre mesi e sei mesi
Le scadenze più importanti che vengono rilevate sono l'**Euribor** a 3 mesi e l'**Euribor a 6 mesi** e vengono normalmente pubblicate sulla sezione economica dei **...**
*www.rivaluta.it/tassi/**euribor**_3**mesi**.htm* - Copia cache - Simili
MutuiOnline
Euribor 360, **Euribor** 365. 1 mese, 0,42%, 0,42%. 2 mesi, 0,52%, 0,52%. 3 mesi, 0,65%, 0,66%. 4 mesi, 0,76%, 0,77%. 5 mesi, 0,85%, 0,86%. **6 mesi**, 0,96%, 0,97% **...**
mutuionline.24oreborsaonline.ilsole24ore.com/.../osservatorio.asp - Copia cache - Simili
Euribor.it - I tassi oggi
La media mensile dell'**euribor** a febbraio ha registrato il minimo storico: 0,43% per l'**euribor** 1 mese, 0,67% per l'**euribor** 3 **mesi** e 0,97% per l'**euribor 6 ...**
*www.**euribor**.it/* - Copia cache - Simili

Supponiamo di entrare nell'ultimo sito, quello sottolineato, dove troveremo una tabella con i tassi Euribor aggiornati.

I tassi oggi: tasso variabile

Euribor 360	**05/03/20**	04/03/20	03/03/20	02/03/20	01/03/20
1 mese	0,42%	0,41%	0,41%	0,42%	0,42%
3 mesi	0,65%	0,65%	0,66%	0,66%	0,66%
6 mesi	0,96%	0,96%	0,96%	0,96%	0,96%

Tasso fisso

Eurirs-IRS	**05/03/20**	04/03/20	03/03/20	02/03/20	01/03/20
5 anni	2,50%	2,49%	2,49%	2,47%	2,46%
10 anni	3,37%	3,38%	3,39%	3,35%	3,35%
15 anni	3,76%	3,77%	3,77%	3,74%	3,73%
20 anni	3,90%	3,88%	3,89%	3,85%	3,85%
25 anni	3,87%	3,87%	3,89%	3,83%	3,82%
30 anni	3,79%	3,78%	3,79%	3,75%	3,74%

Per il nostro esempio prendiamo il valore riportato in tabella, 0,6%, e a questo valore aggiungiamo un 1,5% che è lo spread ipotetico che può prendersi la banca su operazioni di mutuo. Quindi abbiamo stabilito di fare un finanziamento di 800.000,00 euro in dieci anni al tasso annuo di Euribor a tre mesi 0,65% + 1,5%, quindi al tasso di 2,15%.

A questo punto andiamo di nuovo in Internet, su Google, digitiamo la frase "Calcola rata di mutuo" e troviamo vari siti dove è possibile inserire i valori e avere una simulazione del piano del finanziamento.

Calcola rata di mutuo

CALCOLO RATA MUTUO - Calcolatrice **mutui** per il **calcolo** della **rata**
In questa pagina hai la possibilità **di** effettuare online un **calcolo** della tua **rata** ideale **di mutuo**, impostando l'importo totale del finanziamento, **...**
www.migliormutuo.it/calcolo_rata_mutuo.asp - Copia cache - Simili
CALCOLATRICE **MUTUO** - Calcolatrice **rata mutuo**
Inserisci la calcolatrice **rata mutuo** sul tuo sito. **...** Primi nei motori **di** ricerca! **...** settore finanziario e vuoi dare un elemento **di** professionalità al tuo sito web puoi prelevare gratuitamente il box con il **calcolo rata** del **mutuo**. **...**
www.migliormutuo.it/calcolo_rata.asp - Copia cache - Simili
MutuiOnline-Confronta **mutui di** 40 banche. **Mutuo** casa ai migliori tassi
Hai più **di** 65 anni e la casa **di** proprietà? Finanziati senza **rate**. Assicura il tuo **mutuo**. Con una polizza vita proteggi i tuoi cari e la tua casa **...**
www.mutuionline.it/ - Copia cache - Simili
Calcolo della **rata** del **mutuo** - Guide e strumenti utili MutuiOnline
Calcolo della **rata** del **mutuo**.

Come nel precedente esempio utilizziamo questo sito, http://www.toptrento.com/servizi/creapiano.asp, dove si può sviluppare la simulazione del piano finanziamento ipotizzato. Mettiamo i dati dell'importo (800.000,00 euro), il tasso 2,15%, il tipo di rata trimestrale, la durata di dieci anni), la data ipotetica di inizio, per esempio 31/12/2010, e digitiamo *Calcola*; apparirà tutto lo sviluppo del mutuo nei dieci anni suddiviso in spesa del capitale e degli interessi.

Calcolo piano di ammortamento mutuo

Importo in euro	800.000,00
Periodicità	trimestrale
Tasso	2,15%
Estinguibile in anni	10
Data erogazione mutuo	31/12/2010

Così facendo abbiamo nuovamente un'idea generale di come si svolgerà il finanziamento, potremmo sapere quanto sarà la rata trimestrale e annuale ma la cosa più importante sarà verificare se i flussi di cassa prodotti nel conto economico sono sufficienti a coprire la quota capitale.

SEGRETO n. 25: anche per fare una ristrutturazione finanziaria a medio-lungo termine calcola il piano di rimborso del finanziamento, avrai così in via preventiva le quote capitale annue che dovrai rimborsare e le quote indicative degli interessi.

Tabella di calcolo mutuo riferita al nostro esempio:

Importo mutuo = 800.000
Tasso= 2,15% TAEG = 2,17
Durata in 10 anni
Periodicità = trimestrale
Importo rata = 22.280,47
Data erogazione = 31/12/2010
Tot. anno rate = 89.121,91
Totale rate = 891.219,14
Valori in euro

n.	Scadenza	Importo rata	Quota interessi	Quota capitale	Debito residuo
1	***31/03/2011***	22.280,47	4.300,00	***17.980,48***	782.019,52
2	***31/06/2011***	22.280,47	4.203,35	***18.077,12***	763.942,40
3	***30/09/2011***	22.280,47	4.106,18	***18.174,29***	745.768,11
4	***30/12/2011***	22.280,47	4.008,50	***18.271,97***	727.496,13
5	***30/03/2012***	22.280,47	3.910,29	***18.370,18***	709.125,95
6	***30/06/2012***	22.280,47	3.811,55	***18.468,93***	690.657,02
7	***30/09/2012***	22.280,47	3.712,28	***18.568,20***	672.088,82
8	***30/12/2012***	22.280,47	3.612,48	***18.668,00***	653.420,81
9	30/03/2013	22.280,47	3.512,14	18.768,34	634.652,48
10	30/06/2013	22.280,47	3.411,26	18.869,22	615.783,26
11	30/09/2013	22.280,47	3.309,84	18.970,64	596.812,62
12	30/12/2013	22.280,47	3.207,87	19.072,61	577.740,01
13	30/03/2014	22.280,47	3.105,35	19.175,13	558.564,88
14	30/06/2014	22.280,47	3.002,29	19.278,18	539.286,68
15	30/09/2014	22.280,47	2.898,67	19.381,81	519.904,88
16	30/12/2014	22.280,47	2.794,49	19.485,99	500.418,89
17	30/03/2015	22.280,47	2.689,75	19.590,73	480.828,16
18	30/06/2015	22.280,47	2.584,44	19.696,03	461.132,13
19	30/09/2015	22.280,47	2.478,59	19.801,89	441.330,24
20	30/12/2015	22.280,47	2.372,15	19.908,33	421.421,91
21	30/03/2016	22.280,47	2.265,14	20.015,34	401.406,57

22	30/06/2016	22.280,47	2.157,56	20.122,91	381.283,66
23	30/09/2016	22.280,47	2.049,40	20.231,08	361.052,58
24	30/12/2016	22.280,47	1.940,66	20.339,82	340.712,76
25	30/03/2017	22.280,47	1.831,33	20.449,15	320.263,61
26	30/06/2017	22.280,47	1.721,42	20.559,06	299.704,55
27	30/09/2017	22.280,47	1.610,91	20.669,57	279.034,98
28	30/12/2017	22.280,47	1.499,81	20.780,66	258.254,31
29	30/03/2018	22.280,47	1.388,12	20.892,36	237.361,95
30	30/06/2018	22.280,47	1.275,82	21.004,66	216.357,29
31	30/09/2018	22.280,47	1.162,92	21.117,56	195.239,74
32	30/12/2018	22.280,47	1.049,41	21.231,06	174.008,67
33	30/03/2019	22.280,47	935,30	21.345,18	152.663,49
34	30/06/2019	22.280,47	820,57	21.459,91	131.203,57
35	30/09/2019	22.280,47	705,22	21.575,26	109.628,32
36	30/12/2019	22.280,47	589,25	21.691,23	87.937,09
37	30/03/2020	22.280,47	472,66	21.807,82	66.129,28
38	30/06/2020	22.280,47	355,44	21.925,03	44.204,24
39	30/09/2020	22.280,47	237,60	22.042,88	22.161,36
40	30/12/2020	22.280,47	119,12	22.161,36	,00
	Totali	**891.219,14**	**91.219,14**	**800.000,00**	

Fonte: http://www.toptrento.com/servizi/creapiano.asp

TABELLA A. Dati presi alle pagg. 99-100 dell'esempio:

Flussi di cassa	**ANNO 31/12/n+1 (euro)**	**ANNO 31/12/n (euro)**
Ammortamenti	40.000	40.000
Utile/perdita di esercizio	20.000	10.000
Quota capitale assorbita dal leasing immobiliare	40.000	40.000
Totale	**100.000**	**90.000**

TABELLA B. Dati presi alle pagg. 105-106 dell'esempio:

Quota capitale del finanziamento	**Anno 2011 (euro)**	**Anno 2012 (euro)**
Primo trimestre	**17.980,48**	**18.370,18**
Secondo trimestre	**18.077,12**	**18.468,93**
Terzo trimestre	**18.174,29**	**18.568,20**
Quarto trimestre	**18.271,97**	**18.668,00**
Totale	**72.502**	**74.000**

Totale A-B (euro)	**17.498**	**16.000**

Come vedi nelle fonti di rimborso ho inserito la quota capitale del leasing, in quanto nei due anni precedenti essa ha assorbito della liquidità che, andando a estinguere il leasing come ipotizzato nel progetto di ristrutturazione, potrà essere utilizzata nel calcolo delle fonti di rimborso per il nuovo finanziamento. Il risultato del totale della tabella A meno il totale della tabella B indica che l'azienda negli ultimi due esercizi aveva già flussi di cassa sufficienti per far fronte a un finanziamento come quello ipotizzato di 800.000,00 euro in dieci anni.

Spesso può capitare che, andando a fare un'analisi sulle fonti di rimborso storiche dell'azienda, queste non risultino sufficienti a far fronte alla restituzione del finanziamento previsto, ma possono diventare sufficienti se, legate all'intervento di ristrutturazione finanziaria, ci sono altre azioni positive sull'azienda, che avranno i loro effetti negli anni successivi (esempio: nuovi clienti, aumento fatturato, riduzione di alcuni costi ecc.).

In questo caso è necessario preparare un business plan finalizzato al progetto di ristrutturazione che riporti una parte descrittiva dove si evidenziano i vari benefici e una parte numerica con la redazione dei bilanci previsionali per i successivi tre-cinque anni (stato patrimoniale, conto economico e flussi di cassa). Esempio di tabella per il calcolo dei bilanci previsionali:

Bilanci previsionali	ANNO	ANNO	ANNO
	2011	2012	2013
Stato patrimoniale			
Rimanenze			
Altro attivo circolante			
di cui: disponibilità liquide			
crediti a breve			
ratei e risconti			
Immobilizzazioni			
di cui: immateriali			
materiali			
finanziarie			
Totale attivo			
Passivo circolante			
di cui: debiti a breve Vs. fornitori			
debiti a breve Vs. banche			
ratei e risconti			
Passivo a M/L termine			
di cui: debiti a M/L termine			
t.f.r.			
Fondi rischi e oneri			
Mezzi propri			
di cui: Capitale sociale			
Riserve			
Finanziamento soci			
Utili (perdite) portate a nuovo			
Utili (perdite) dell'esercizio			
Totale passivo			

Bilanci previsionali	ANNO	ANNO	ANNO
	2010	**2011**	**2012**
Conto economico			
Ricavi delle vendite e prestazioni			
(Fatturato)			
Variazione rimanenze prodotti finiti			
Altri ricavi e proventi			
A) Valore della produzione			
Acquisti materie prime e merci			
Acquisizione di servizi ecc.			
Variazione rimanenze			
Fitti passivi e canoni			
Personale			
Accantonamenti			
Ammortamenti			
Oneri diversi di gestione			
B) Costi della produzione			
Risultato operativo (A-B)			
Proventi finanziari			
Interessi e altri oneri finanziari			
C) Proventi e oneri finanziari			
Proventi straordinari			
Oneri straordinari			
D) Proventi e oneri straordinari			
Risultato ante imposte (A-B+C+D)			
Imposte sul reddito d'esercizio			
Utile (perdita) di periodo			

Flussi di cassa	2010	2011	2012
Ammortamenti			
Utile/perdita di esercizio			
Totale			

Questo aspetto sarà meglio spiegato con un esempio pratico nel Capitolo 7.

SEGRETO n. 26: quando le fonti di rimborso storiche dell'azienda non risultano sufficienti a far fronte alla restituzione del finanziamento previsto, può essere necessario preparare un business plan finalizzato al progetto di ristrutturazione che riporti una parte descrittiva dove si evidenziano i vari benefici, e una parte numerica con la redazione dei bilanci previsionali per i successivi tre-cinque anni (stato patrimoniale, conto economico e flussi di cassa).

RIEPILOGO DEL GIORNO 5:

- SEGRETO n. 21: quando si fa una ristrutturazione finanziaria sul medio-lungo termine, andiamo a intervenire sui debiti collocati nella sezione a medio-lungo termine dello stato patrimoniale.
- SEGRETO n. 22: non è possibile standardizzare una ristrutturazione finanziaria dell'indebitamento del medio-lungo termine, ma è possibile seguire una procedura e alcune indicazioni.
- SEGRETO n. 23: quando fai un intervento di ristrutturazione finanziaria a medio-lungo termine, ricordati di fare un elenco dei benefici che ne derivano, sia *immediati* sia *futuri.*
- SEGRETO n. 24: anche per fare una ristrutturazione finanziaria di medio-lungo termine, dopo aver stabilito l'importo dell'intervento di ristrutturazione finanziaria da richiedere alla banca, occorre in via preventiva analizzare se l'azienda (o attività) ha le fonti di rimborso sufficienti per far fronte al finanziamento alle varie scadenze.
- SEGRETO n. 25: anche per fare una ristrutturazione finanziaria a medio-lungo termine calcola il piano di rimborso del finanziamento, avrai così in via preventiva le quote capitale

annue che dovrai rimborsare e le quote indicative degli interessi.

- SEGRETO n. 26: quando le fonti di rimborso storiche dell'azienda non risultano sufficienti a far fronte alla restituzione del finanziamento previsto, può essere necessario preparare un business plan finalizzato al progetto di ristrutturazione che riporti una parte descrittiva dove si evidenziano i vari benefici, e una parte numerica con la redazione dei bilanci previsionali per i successivi tre-cinque anni (stato patrimoniale, conto economico e flussi di cassa).

GIORNO 6:

Come trovare nuova liquidità

In un periodo di difficile congiuntura economica, dove le aziende faticano a mantenere le posizioni di mercato e i posti di lavoro, dove le banche hanno ristretto e selezionato fortemente l'accesso al credito, converrai con me che il titolo di questo capitolo è piuttosto accattivante.

Tengo subito a precisarti che non è uno scherzo ma si tratta di imparare a vedere un progetto di ristrutturazione finanziaria da più angolazioni, senza fermarsi a una prima analisi che, come dice la parola, si limita alla ristrutturazione dei debiti già esistenti.

SEGRETO n. 27: impara a vedere un progetto di ristrutturazione finanziaria da più angolazioni, senza fermarti a una prima analisi che, come dice la parola, si limita alla ristrutturazione dei debiti già esistenti.

Nei due capitoli precedenti ho fatto degli esempi sia di ristrutturazione finanziaria di breve termine sia di medio-lungo termine, in ognuno degli esempi ho sempre inserito oltre all'importo da ristrutturare un importo aggiuntivo di nuova liquidità (vedi freccia rossa).

Ristrutturazione finanziaria del breve termine

(esempio Capitolo 4)

Descrizione	Importi in e[illegible]	%	Descrizione	Importi in euro	%
ATTIVO CIRCOLANTE			**PASSIVO CIRCOLANTE**		
Rimanenze	10[illegible]00		Debiti a breve Vs. fornitori	170.000	
Disponibilità liquide	**100.000**		Debiti a breve Vs. banche	**300.000**	
Crediti entro l'esercizio	500.000		Ratei e risconti		
Totale attivo circolante	**700.000**	**83%**	**Totale passivo circolante**	**470.000**	**56%**
IMMOBILIZZAZIONI			**DEBITI A MEDIO-LUNGO TERMINE**		
Immateriali	10.000		Debiti a M/L termine)	**300.000**	
Materiali	120.000		Trattamento di fine rapporto	20.000	
			Totale debiti m.l.t.	**320.000**	**39%**
			PATRIMONIO NETTO		
			Capitale sociale	10.000	
			Utili (perdite) portate a nuovo	10.000	
			Utili (perdite) dell'esercizio	20.000	
Totale immobilizzazioni	**130.000**	**17%**	**Totale patrimonio netto**	**40.000**	**5%**
Totale attivo	**830.000**	**100 %**	**Totale passivo**	**830.000**	**100%**

Ristrutturazione finanziaria di medio-lungo termine

(esempio Capitolo 5)

Descrizione	Importi in e[illegible]	%	Descrizione	Importi in euro	%
ATTIVO CIRCOLANTE			**PASSIVO CIRCOLANTE**		
Rimanenze	10[illegible].000		Debiti a breve Vs. fornitori	150.000	
Disponibilità liquide	**100.000**		Debiti a breve Vs. banche	200.000	
Crediti entro l'esercizio	**400.000**		Ratei e risconti		
Ratei e risconti					
Totale attivo circolante	**600.000**	49%	**Totale passivo circolante**	**350.000**	29%
IMMOBILIZZAZIONI			**DEBITI A MEDIO-LUNGO TERMINE**		
Immateriali	10.000		**Debiti a M/L termine)**	**800.000**	
Materiali	**600.000**		Trattamento di fine rapporto	20.000	
Finanziarie			Fondi rischi e oneri		
			Totale debiti m.l.t.	**820.000**	68%
			PATRIMONIO NETTO		
			Capitale sociale	10.000	
			Riserve		
			Finanziamento soci		
			Utili (perdite) portate a nuovo	10.000	
			Utili (perdite) dell'esercizio	20.000	
Totale immobilizzazioni	**610.000**	51%	**Totale patrimonio netto**	**40.000**	3%
Totale attivo	1.210.000	100%	**Totale passivo**	1.210.000	100%

Leggendo questo ebook puoi rischiare di sottovalutare questo aspetto, cosa che non devi assolutamente fare. Fermati un attimo, fai un bel respiro e seguimi con attenzione nel ragionamento. Ti ricordo alcune frasi che ho scritto nell'Introduzione: «Quello che voglio insegnarti con questo ebook è come si fa una ristrutturazione finanziaria in una piccola e media impresa e la serie di benefici che ne derivano».

Tutte le volte che si va a intervenire sulla parte finanziaria di un'azienda o di un soggetto con partita IVA, siamo nell'ambito di una ristrutturazione finanziaria.

E inoltre: «È anche utile aiutarti a capire bene quando e perché può essere necessaria una ristrutturazione finanziaria, anche in momenti non particolarmente critici, in quanto si può far rientrare in un progetto di ristrutturazione finanziaria la ricerca di nuova finanza (nuovi finanziamenti) con vari benefici.» Perché ti ho chiesto di fermarti a riflettere? Perché ti ho ricordato alcune frasi scritte nell'Introduzione?

Perché nei casi che affronto giornalmente pochissimi soggetti di fronte a un progetto di ristrutturazione finanziaria valutano l'aspetto e l'opportunità di inserirci la richiesta di nuovi finanziamenti.

SEGRETO n. 28: quando si fa un progetto di ristrutturazione finanziaria occorre valutare sempre l'opportunità di inserirci la richiesta di nuovi finanziamenti.

Sicuramente ti starai chiedendo: «Perche accade questo?» Perché chi ha necessità di fare una ristrutturazione finanziaria non pensa a inserirci la richiesta di nuovi finanziamenti? I motivi possono essere diversi, provo a elencarne alcuni: colui che si trova a fare una ristrutturazione finanziaria si concentra solamente sull'importo che intende ristrutturare facendo la somma dei vari debiti (scoperto di conto corrente, conto anticipi, mutui ecc.).

Oppure fa una ristrutturazione finanziaria pensando solo al problema imminente, magari ha rate scadute di prestiti già concessi, oppure rate che stanno per scadere dove è consapevole che sarà difficile farvi fronte. Spesso subentra l'aspetto psicologico di colui che affronta un progetto di ristrutturazione finanziaria, come la paura che la richiesta possa essere negata dalla banca o un senso d'imbarazzo per andare a chiedere di sistemare dei debiti su affidamenti già concessi e quindi il soggetto preferisce richiedere un importo minimo appena sufficiente a risolvere il problema.

Infine, un altro caso frequente riguarda colui che si fa consigliare da svariati soggetti (consulenti, commercialisti, amici, associazioni di categoria e altro ancora); in quel caso ognuno dà un consiglio e spesso indica un importo diverso dalla cifra da richiedere alla banca, e il soggetto finisce così per avere una grande confusione e decide di procedere nella soluzione più semplice che è quella di richiedere il minimo necessario.

I casi sopra esposti sono tra i più frequenti ma ve ne sono anche altri dovuti a svariati motivi, sta di fatto che pochissimi pensano di inserire in un progetto di ristrutturazione finanziaria la ricerca di nuova finanza. In parte questo è anche dovuto al termine stesso, "ristrutturazione finanziaria", che indica appunto la ristrutturazione di qualcosa di esistente, in questo caso di debiti finanziari, quindi non lascia troppo spazio alla fantasia.

Il mio personale consiglio, come anticipato nel Segreto n. 27, è di analizzare e imparare a vedere un progetto di ristrutturazione finanziaria da più angolazioni, così da essere capaci di cogliere le varie opportunità che possono essere inserite al suo interno, essendo così in grado di spiegarle ai vari interlocutori ai quali si andrà a esporre.

SEGRETO n. 29: i motivi per cui quando si fa una ristrutturazione finanziaria non si pensa a inserirci la richiesta di nuova finanza possono essere molti, analizza i tuoi e superali.

Uno dei principali interlocutori ai quali si va a esporre il progetto è la banca, in questo caso parti dal presupposto che spesso la banca valuta la ristrutturazione partendo dai finanziamenti già concessi che possono essere stati erogati dalla stessa o da banche diverse.

La loro somma (scoperti di conto, anticipo fatture, mutui ecc.) darà il totale che corrisponderà all'esposizione finanziaria complessiva dell'azienda, all'interno della quale ci sarà l'importo da ristrutturare. Capita spesso di sentire parlare di consolidare i debiti a breve termine, che generalmente sono scoperto di conto corrente e anticipo fatture.

In questo caso la frase classica è: *Si prende tutta l'esposizione attuale e si consolida facendo un finanziamento a medio-lungo termine*, ottenendo così i relativi benefici che non sto a ripeterti.

Bene, questa valutazione è corretta parzialmente, perché anche in questo caso è spesso necessario valutare la possibilità di inserire nel progetto la richiesta di nuova finanza, per esempio sotto forma di conti anticipi o scoperto di conto corrente.

Infatti le domande che generalmente pongo al mio interlocutore sono:

- se si ristruttura tutto il debito a breve termine descritto sopra, come farà l'azienda di fronte alla necessità di liquidità per far fronte ai bisogni giornalieri, se viene a mancare lo scoperto di conto corrente?

- Come farà la stessa se nel lavoro quotidiano ha necessità di anticipare una fattura relativa a un credito vantato nei confronti di un suo cliente, se vengono a mancare le linee di credito di conto anticipi?

Di fronte a queste semplici domande, mi accorgo che si è valutato il progetto di ristrutturazione solo parzialmente, analizzando il problema nell'immediato senza valutare gli aspetti successivi alla ristrutturazione.

Spesso queste domande vengono poste direttamente dal funzionario della banca, ma ritengo utile e fondamentale averle ben chiare se intendi presentare un progetto di ristrutturazione finanziaria, sapendolo esporre ed evidenziando la necessità di inserirci nuova finanza in aggiunta a quella ristrutturata.

SEGRETO n. 30: il soggetto che presenta un progetto di ristrutturazione finanziaria deve saperlo esporre ed evidenziare la necessità di inserirci nuova finanza in aggiunta a quella ristrutturata.

La richiesta di nuova finanza può essere utile anche per finanziare nuovi investimenti che l'azienda intende fare in contemporanea con la ristrutturazione del debito, in modo da consentire alla stessa di crescere e rimanere competitiva sul mercato o recuperare margini sul conto economico (es. nuovi macchinari per produrre).

In pratica, tutte le volte che mi trovo a fare un progetto di ristrutturazione finanziaria mi viene sempre in mente il detto della "coperta corta"; mi riferisco a quella coperta che, tirandola da una parte del letto ne scopre un'altra o viceversa.

Bene, quando si fa una ristrutturazione finanziaria ricordati questo modo di dire e cerca di evitare questo errore quando vai a preparare il progetto.

SEGRETO n. 31: ricordati il detto della "coperta corta" e cerca di evitare questo errore nel redigere il progetto di ristrutturazione che vai che vai a presentare.

Un breve cenno al business plan

Per fare una simulazione o previsione di ciò che accade dopo una ristrutturazione, lo strumento migliore che conosco e che ti consiglio è la redazione di un business plan.

La redazione di questo documento è di fondamentale importanza nella stesura del progetto, infatti puoi simulare sia i conti economici previsionali sia gli stati patrimoniali previsionali, puoi indicare i benefici dell'intervento e inserirci la richiesta di nuova finanza spiegandone i motivi e i risultati che ne derivano.

Il business plan può essere denominato anche piano industriale, piano di investimento o piano di sviluppo, a seconda dei casi, anche se il termine business plan è senza dubbio il più utilizzato. Questo documento è utile, per chi lo redige, per spiegare ai vari interlocutori (banche, soci, fornitori, clienti ecc.) i progetti che l'azienda intende sviluppare nei prossimi anni. Solitamente è redatto dal titolare dell'azienda che in alcuni casi può farsi aiutare da un professionista (commercialista, consulente ecc.).

Le due parti principali sono la *parte descrittiva* e la *parte tabellare*. Le previsioni che si trovano all'interno di solito hanno un arco temporale di tre o cinque anni perché, trattandosi di ipotesi, più si allunga il tempo e più aumenta il rischio che queste ultime non si verifichino.

Questo documento, nel caso sia finalizzato a una ristrutturazione finanziaria, andrà a specificare a cosa occorre e quali e quante fonti di reddito prevede di avere l'azienda per restituirlo. Per quanto riguarda la richiesta di nuova finanza, il business plan indicherà come sarà impiegata, oltre ai benefici che ne deriveranno.

Non ritengo opportuno dilungarmi ancora su cosa serve e cosa prevede il business plan, anche perché ogni azienda è un caso a sé e quindi questo è un documento molto personalizzato, da redigere seguendo alcuni criteri base ma adattandolo ad ogni singolo caso aziendale. Nel Capitolo 7 e nel caso trattato in questo ebook troverai un esempio di business plan che potrà aiutarti a capirlo meglio.

SEGRETO n. 32: quando si presenta un progetto di ristrutturazione finanziaria può essere necessario preparare un *business plan* dove viene spiegato cosa si vuole fare nei prossimi anni, perché è utile fare la ristrutturazione e altre importanti indicazioni.

RIEPILOGO DEL GIORNO 6:

- SEGRETO n. 27: impara a vedere un progetto di ristrutturazione finanziaria da più angolazioni, senza fermarti a una prima analisi, che, come dice la parola, si limita alla ristrutturazione dei debiti già esistenti.
- SEGRETO n. 28: quando si fa un progetto di ristrutturazione finanziaria occorre valutare sempre l'opportunità di inserirci la richiesta di nuovi finanziamenti.
- SEGRETO n. 29: i motivi per cui quando si fa una ristrutturazione finanziaria non si pensa a inserirci la richiesta di nuova finanza possono essere molti, analizza i tuoi e superali.
- SEGRETO n. 30: il soggetto che presenta un progetto di ristrutturazione finanziaria deve saperlo esporre ed evidenziare la necessità di inserirci nuova finanza in aggiunta a quella ristrutturata.
- SEGRETO n. 31: ricordati il detto della "coperta corta" e cerca di evitare questo errore nel redigere il progetto di ristrutturazione che vai a presentare.
- SEGRETO n. 32: quando si presenta un progetto di ristrutturazione finanziaria può essere necessario preparare un

business plan dove viene spiegato cosa si vuole fare nei prossimi anni, perché è utile fare la ristrutturazione e altre importanti indicazioni.

GIORNO 7:

Preparare una ristrutturazione finanziaria

In questo capitolo voglio darti alcune indicazioni, strategie e segreti su come preparare un progetto di ristrutturazione finanziaria da sottoporre a una banca. Sicuramente, sei hai letto il mio ebook *Farsi finanziare dalle banche* pubblicato da Bruno Editore, le indicazioni di questo capitolo ti sono già note, diversamente ti consiglio di seguirle utilizzandole come metodo di lavoro. Le casistiche sono varie e quindi non è possibile standardizzarle, ma si possono seguire alcune indicazioni generiche.

SEGRETO n. 33: non è possibile standardizzare un progetto di ristrutturazione finanziaria, ma è possibile seguire un metodo, alcune tecniche e strategie.

Come prima cosa voglio elencarti le fasi principali, dopodiché cercherò di aiutarti con un esempio.

Fase 1

Occorre partire dall'analisi della situazione attuale e se trattasi di un'azienda dalla riclassificazione del bilancio almeno degli ultimi due anni.

Fase 2

Fatta l'analisi della situazione attuale, si procede andando a fissare gli obiettivi che si intende raggiungere con il progetto. Questi possono variare da caso a caso. Per fare qualche esempio puoi vedere quelli riportati nei Capitoli 4 e 5.

Fase 3

Stabiliti gli obiettivi, è utile procedere andando a redigere un business plan sia nella parte numerica previsionale sia nella parte descrittiva. In questa fase è molto importante analizzare le previsioni numeriche che si pensa di avere dopo la ristrutturazione, confrontandole, dove è possibile, con i dati degli esercizi precedenti; è altrettanto utile redigere una parte descrittiva che spieghi bene punto per punto cosa si vuole fare, a cosa serve e i benefici che si andranno ad avere a seguito dell'intervento. Una volta terminata la redazione del business plan occorre analizzarlo di nuovo provando a vederlo sotto vari aspetti, trattandosi di un'analisi previsionale puoi aiutarti facendo più simulazioni. Lo scopo valutare attentamente se gli importi inseriti nel progetto sono sufficienti a raggiungere gli obiettivi prefissati sia nel breve che nel medio periodo, inoltre valuta con attenzione l'ipotesi di richiedere nuova finanza, aggiungendola al progetto.

Fase 4

Preparare una copia di tutti i documenti necessari alla presentazione del progetto, facendone un elenco e inserendoli all'interno di un raccoglitore.

Fase 5

Terminate le fasi precedenti, occorre fare una cosa che pochissimi fanno, e precisamente leggere e studiare bene il progetto, così da imparare a esporlo ai vari interlocutori (banche, soci, fornitori).

Fase 6

Iniziare a presentare il progetto ai vari interlocutori, evitando di farsi prendere da stati di ansia o panico (cosa frequente, visto che si parla di soldi). Per evitare questo inconveniente è utile aver imparato bene il progetto come consigliato nella fase 5, ed esporlo con sicurezza e convinzione, dando così la sensazione, a chi sta ascoltando, di essere sicuri e motivati nella sua attuazione e nel raggiungimento dei suoi risultati.

Fase 7

Non lasciare il progetto in balia di se stesso. Ciò significa che, dopo averlo preparato e presentato perché vada a buon fine, il progetto va accompagnato, cercando di sapere se è di gradimento dei vari interlocutori, se è condiviso e accettato o se necessita di alcune modifiche.

Fase 8

Se una banca ti dice di no, non arrenderti ma cerca di capire i motivi, dopodiché prendi il progetto e portalo a un'altra banca.

SEGRETO n. 34: per preparare un progetto di ristrutturazione finanziaria, consiglio di seguire delle fasi di lavoro che vanno dall'analisi della situazione attuale fino alla presentazione del progetto.

Ora facciamo insieme un esempio pratico dove si va a fare un progetto di ristrutturazione finanziaria comprensivo della richiesta di nuova finanza per conto della società XXX S.r.l.

Esempio

La società XXX S.r.l. ha necessità di presentare alla banca un progetto di ristrutturazione finanziaria. Dall'analisi della situazione attuale è emersa la necessità di ristrutturare debiti sia di breve termine sia di medio-lungo termine, per un totale complessivo di 500.000,00 euro al quale si va ad aggiungere la richiesta di nuova finanza per 200.000,00 euro, necessari per l'acquisto di un nuovo macchinario; la durata ottimale prevista per il nuovo finanziamento è di dieci anni. A questo punto si procede con le altre fasi di lavoro, andando a redigere un business plan che indichi sia in termini descrittivi sia numerici il progetto di ristrutturazione.

Parte descrittiva

Mi capita frequentemente di trovare parti descrittive di business plan, redatti anche per piccole aziende, che sono dei veri e propri libri; personalmente sono contrario a business plan molto corposi (salvo casi particolari), preferisco poche pagine descrittive con l'aggiunta di tabelle essenziali che spieghino per punti le varie fasi del progetto aziendale.

Nel nostro esempio la parte descrittiva inizia con la premessa in cui viene presentata sinteticamente l'azienda, la sua storia, i suoi soci e il management, proseguendo con una descrizione dell'attività svolta e le sue principali caratteristiche; inoltre sono indicati i principali clienti con i quali l'azienda opera, riportando per ognuno il fatturato sviluppato nell'ultimo anno e il portafoglio ordini acquisiti.

Segue una descrizione dell'intervento di ristrutturazione, un elenco dei principali benefici che la società prevede di ottenere, uno schema di riepilogo del piano finanziario dove si evidenziano le voci principali dell'operazione e infine un elenco dei documenti allegati. In questo esempio, per semplicità, non sono inseriti piani di marketing o analisi di mercato su come si posiziona la società nei confronti della concorrenza e altre indicazioni che si possono trovare all'interno di un business plan.

BUSINESS PLAN

Società: XXX S. r. l.

Parte descrittiva

Firenze, X/Y/2010

Premessa

La società XXX S.r.l. ha iniziato l'attività in data 20-10-20XX, ha sede a YYY in via Mazzini 22 nella zona industriale, dove è ubicata in un capannone in affitto di circa 1000 mq.

Compagine societaria

La società è costituita da due soci imprenditori:

Sig. Bianchi che detiene il 55% delle quote.

Sig. Rossi che detiene il 45% delle quote.

Entrambi i soci sono operativi in azienda e hanno una notevole esperienza nel settore. Il socio Rossi si occupa della parte tecnica e della produzione, mentre il socio Bianchi si occupa della parte gestionale e finanziaria (*ti consiglio di inserire sempre tra gli allegati i rispettivi curriculum vitae*).

Attività svolta

Si tratta di un calzaturificio dove l'attività principale consiste nella produzione di scarpe con varie linee di prodotto (linea uomo, donna e bambino). Già da alcuni anni l'azienda è sul mercato con alcuni suoi marchi registrati. Le principali caratteristiche della lavorazione sono l'elevata professionalità delle maestranze, le tecnologie applicate alle varie fasi di processo e la buona qualità dei materiali, che rendono il prodotto finito di ottima finitura e a un prezzo competitivo.

Riepilogo fatturati degli ultimi tre anni

Anno 2008: 5.000.000,00 euro.

Anno 2009: 5.200.000,00 euro.

Fatturato previsto anno 2010: 5.500.000,00 euro.

Clienti principali

Pippo S.p.A., fatturato anno 2009: euro 300.000,00.

Caio S.p.A., fatturato anno 2009: euro 700.000,00.

Sempronio S.r.l., fatturato anno 2009: euro 600.000,00.

Attualmente il portafoglio ordini è di 3.000.000,00 euro con consegne da completarsi entro il 2011.

Progetto di ristrutturazione finanziaria

Dall'analisi dei bilanci storici e dalla redazione dei bilanci previsionali dell'azienda è emersa la necessità di effettuare una ristrutturazione finanziaria che ottimizzi l'attuale indebitamento.

La parte da ristrutturare riguarda sia debiti a medio termine sia debiti a breve termine, la principale motivazione riguarda la possibilità concentrare tali debiti in un unico finanziamento con un tempo di restituzione più lungo rispetto all'attuale, ottenendo così una quota di rimborso capitale annua che la società è in grado di coprire abbondantemente già con i flussi di cassa storici e successivamente con quelli previsionali.

Inoltre nel progetto è stata inserita la richiesta per un importo di nuova finanza necessario all'acquisto di alcuni macchinari utili allo sviluppo della parte produttiva. Dall'investimento ipotizzato l'azienda andrà ad acquistare una nuova macchina utensile in grado di migliorare sensibilmente i tempi di lavorazione per la realizzazione dei propri prodotti. Ciò consentirà all'azienda di diminuire alcuni costi di produzione e di aumentare le quantità prodotte, con importanti benefici sul conto economico come riportato nella parte tabellare.

Nella tabella di seguito si elencano le varie voci di indebitamento che si intende ristrutturare e la richiesta di nuova finanza.

Debiti attuali e nuova finanza

Descrizione	Data inizio Data fine	Importo iniziale (in euro)	Importo residuo da ristrutturare (in euro)
Finanziamento Chirografo (Banca Pippo)	2008 2013	500.000,00	350.000,00
Scoperto di conto corrente (Banca Rossi)			100.000,00
Scoperto di conto corrente (Banca Caio)			50.000,00
Liquidità necessaria per finanziare nuovi investimenti			200.000,00

Totale finanziamento: **700.000,00 euro**.

Periodo di restituzione del finanziamento richiesto: **10 anni**.

Vantaggi legati all'intervento

Riteniamo opportuno evidenziare per punti i principali benefici che la società prevede di ottenere dall'intervento di ristrutturazione finanziaria sopra esposto, sia immediati che futuri.

Benefici *immediati* dopo l'intervento:

Descrizione	**Dove vanno a incidere**
Migliore equilibrio tra passivo e attivo dello stato patrimoniale.	Dopo l'intervento avremo un'azienda dove l'attivo a breve è superiore al passivo a breve e dove le immobilizzazioni sono completamente finanziate dal patrimonio netto e dai debiti a medio termine.
Minor costo degli oneri finanziari dovuto alla differenza tra gli interessi applicati dalla banca sugli scoperti di conto corrente, generalmente superiori rispetto agli interessi applicati sul finanziamento a medio termine.	Benefici sul conto economico per la diminuzione degli oneri finanziari.

Copertura con i flussi di cassa della quota capitale annua da rimborsare.	Dopo l'intervento avremo un'azienda dove la quota di rimborso capitale annuale è coperta già dai flussi di cassa consuntivi e successivamente da quelli preventivi.

Benefici *futuri* dopo l'intervento:

Descrizione	**Dove vanno a incidere**
Maggiore competitività sul mercato dovuta ai nuovi investimenti.	Il nuovo investimento in macchinari consentirà all'azienda di diminuire alcuni costi di produzione e di aumentare le quantità prodotte, con importanti benefici sul conto economico.

Maggiore credibilità nei confronti dei fornitori.	Un'azienda sana ed equilibrata godrà sicuramente di un'attenzione maggiore da parte dei fornitori chc saranno disposti a concederle maggiori sconti rispetto a un'azienda a rischio default.
La minore pressione finanziaria dovuta all'abbassamento della quota capitale da restituire annualmente porta dei benefici in termini di minor rischio di insolvenza alle scadenze. L'imprenditore può concentrarsi nella ricerca di nuovi clienti o in altre aree dell'azienda.	Possibili benefici sul conto economico per l'opportunità di ricercare nuovi ricavi e/o ottimizzare alcuni costi.

Piano finanziario

Nella tabella seguente andiamo a esporre in sintesi il piano finanziario dell'intervento.

Calcolo previsionale del piano di ammortamento del finanziamento richiesto:

Importo in euro	700.000,00
Periodicità	Semestrale
Tasso	3%
Estinguibile in	10 anni
Data erogazione mutuo	31/12/2010

Tabella di calcolo con simulazione del piano di ammortamento del finanziamento, importo 700.000,00 euro, durata dieci anni, tasso ipotizzato 3%.

Importo mutuo = 700.000
Tasso = 3 % TAEG = 3,02 %
Durata in 10 anni
Periodicità = semestrale
Importo rata = 40.772,01
Data erogazione = 31/12/2010
Tot.anno rate = 81.544,03
Totale rate = 815.440,30
valori in euro

n.	Scadenza	Importo rata	Quota interessi	Quota capitale	Debito residuo
1	31/06/2011	40.772,01	10.500,00	30.272,02	669.727,98
2	30/12/2011	40.772,01	10.045,92	30.726,10	639.001,89
3	30/06/2012	40.772,01	9.585,03	31.186,99	607.814,90
4	30/12/2012	40.772,01	9.117,21	31.654,79	576.160,11
5	30/06/2013	40.772,01	8.642,40	32.129,61	544.030,50
6	30/12/2013	40.772,01	8.160,46	32.611,56	511.418,94
7	30/06/2014	40.772,01	7.671,28	33.100,73	478.318,21
8	30/12/2014	40.772,01	7.174,77	33.597,24	444.720,97
9	30/06/2015	40.772,01	6.670,81	34.101,19	410.619,77
10	30/12/2015	40.772,01	6.159,30	34.612,72	376.007,05
11	30/06/2016	40.772,01	5.640,11	35.131,91	340.875,14
12	30/12/2016	40.772,01	5.113,13	35.658,89	305.216,25
13	30/06/2017	40.772,01	4.578,24	36.193,76	269.022,48
14	30/12/2017	40.772,01	4.035,34	36.736,68	232.285,80
15	30/06/2018	40.772,01	3.484,29	37.287,73	194.998,07
16	30/12/2018	40.772,01	2.924,97	37.847,04	157.151,03
17	30/06/2019	40.772,01	2.357,27	38.414,75	118.736,28
18	30/12/2019	40.772,01	1.781,04	38.990,97	79.745,31
19	30/06/2020	40.772,01	1.196,18	39.575,83	40.169,47
20	30/12/2020	40.772,01	602,54	40.169,47	,00
Totali		**815.440,30**	**115.440,30**	**700.000,00**	

Fonte: http://www.toptrento.com/servizi/creapiano.asp

Calcolo previsionale delle fonti di copertura finanziaria per far fronte alla quota capitale del finanziamento nei primi tre anni.

TABELLA A. Dati presi alle pagg. 147-148 dell'esempio:

Flussi di cassa	**ANNO 2011 (euro)**	**ANNO 2012 (euro)**
Ammortamenti	76.000,00	76.000,00
Utile/perdita di esercizio	93.000,00	125.000,00
Totale	**169.000,00**	**201.00,000**

TABELLA B. Dati presi alle pagg. 142-143 dell'esempio:

Quota capitale del finanziamento	**Anno 2011 (euro)**	**Anno 2012 (euro)**
Primo semestre	30.272,00	31.186,99
Secondo semestre	30.726,00	31.654,79
Totale (arrotondato)	**61.000,00**	**63.000,00**

Totale A-B (euro)	**108.000,00**	**138.000,00**

I dati degli ammortamenti e degli utili sono presi dalla parte tabellare nel conto economico previsionale.

Conclusioni

A seguito di quanto sopra descritto, siamo a richiedervi di valutare la possibilità di concedere un finanziamento dell'importo di 700.000,00 euro, durata dieci anni, finalizzato alla ristrutturazione finanziaria e alla realizzazione di nuovi investimenti per lo sviluppo dell'azienda.

Tasso richiesto: ipotizzato del 3%

Garanzie accessorie: fidejussioni personali dei due soci

Per permettervi una migliore valutazione alleghiamo alla presente la seguente documentazione:

- parte tabellare allegata;
- bilancio al 31/12/2009;
- bilancio al 31/12/2008;
- certificato Camera di Commercio;
- curriculum vitae dei due soci;
- elenco affidamenti bancari;
- atto costitutivo e statuto della società;
- ultime due dichiarazione dei redditi della società;
- ultime dichiarazioni dei redditi dei soci;
- copia documento di identità dei soci;
- copia dei contratti di finanziamenti in essere;
- copia dei preventivi relativi ai nuovi investimenti.

Restiamo in attesa di un vostro cortese riscontro.
Distinti saluti.

La parte descrittiva del business plan nell'esempio è piuttosto sintetica, questo perché come ti ho già detto ogni azienda è un caso a sé, lo scopo dell'esempio è di farti capire come procedere e darti uno schema da seguire.

La finalità non è di insegnarti a fare un business plan, (per fare questo ci sono centinaia di libri ed esempi anche su Internet) ma consigliarti un metodo per preparare un progetto di ristrutturazione finanziaria, cosa ben diversa.

SEGRETO n. 35: prepara la parte descrittiva del business plan, dichiara cosa vuole fare l'azienda, come intende farlo e a cosa serve. Cerca di essere sintetico, utilizza delle tabelle per illustrare le parti numeriche.

Parte tabellare

Abbiamo appena finito di redigere la parte descrittiva, ora è necessario redigere la parte tabellare. La parte tabellare occorre per spiegare con i numeri quello che nella parte descrittiva l'azienda ha dichiarato, aiuta a far capire alla banca i benefici dell'intervento e le capacità di rimborso che la società avrà per far fronte al finanziamento richiesto.

Anche sulla parte tabellare ritengo utile farti alcune precisazioni; essa si divide generalmente in tre macrovoci:

- il conto economico consuntivo e previsionale;
- lo stato patrimoniale consuntivo e previsionale;
- i flussi finanziari.

In alcuni casi si trova anche un ulteriore documento sui principali indici di bilancio (particolare tecnico sul quale non vado a dilungarmi). Nella parte tabellare è importante evidenziare se i flussi di cassa che la società andrà a produrre nei prossimi anni sono sufficienti a pagare la quota capitale del finanziamento ipotizzato, mentre la quota interessi si andrà a collocare nella voce "Oneri finanziari" del conto economico.

Generalmente è utile fare tabelle di conto economico che riportano gli ultimi uno-due anni consuntivi e gli anni previsionali successivi. Nel nostro esempio per semplicità ci limitiamo all'ultimo anno consuntivo e ai due previsionali successivi, mentre per quanto riguarda lo stato patrimoniale si riportano le tabelle sintetiche dello stato patrimoniale attuale e quello dopo l'intervento di ristrutturazione.

SEGRETO n. 36: nella parte tabellare è utile inserire dei dati del conto economico che riportano gli ultimi uno-due anni consuntivi e gli anni previsionali successivi.

FACSIMILE DELLA PARTE TABELLARE
Business plan della società XXX S.r.l. (valori in euro)

Conto economico *Consuntivo/previsionale*	**2010 consuntivo**	Valori in %	**2011 previsionale**	Valori in %	**2012 previsionale**	Valori in %
Ricavi delle vendite e prestazioni						
Variazione rimanenze prodotti finiti						
A) Valore della produzione	**5.200.000**	**100%**	**5.500.000**	**100%**	**7.000.000**	**100%**
Costi della produzione						
Per materie prime e merci	3.588.000	69%	3.744.000	68%	4.690.000	67%
Per servizi ecc.	520.000	10%	550.000	10%	700.000	10%
Variazione rimanenze	0		0		0	
Per godimento beni di terzi	156.000	3%	165.000	3%	210.000	3%
Per il personale	676.000	13%	715..000	13%	910.000	13%
Oneri diversi di gestione	5.000	0,1%	5.000	0,1%	5.000	0,1%
B) Costi della produzione	**4.945.000**	**95,1%**	**4.945.000**	**95,1 %**	**6.515.000**	**93,1%**
C) Margine operativo lordo (A-B)	**255.000**	**4,9%**	**325.000**	**5,9%**	**4856000**	**6,9%**
D) Ammortamenti	76.000	1,5%	76.000	1,4%	100.000	1,4%
E) Margine operativo netto (C-D)	**179.000**	**3,4%**	**249.000**	**4,5%**	**385.000**	**5,5%**
F) Proventi e oneri finanziari	(104.000)	**2%**	(110.000)	**2%**	(140.000)	**2%**
Risultato ante imposte (E+F+G)	**75.000**	**1,4%**	**139.000**	**2,5%**	**245.000**	**3,5%**
Imposte sul reddito d'esercizio	24.750	0,5%	46.000	0,5%	120.000	1,71%
Utile (perdita) di periodo	**50.250**	**1%**	**93.000**	**1,7%**	**125.000**	**1,8%**
Flussi di cassa	**2010**		**2011**		**2012**	
Ammortamenti	**76.000**		**76.000**		**76.000**	
Utile/perdita di esercizio	**50.250**		**93.000**		**125.000**	
Totale	**125.250**		**169.000**		**201.000**	

STATO PATRIMONIALE

Situazione attuale:

Descrizione	Importi	%	Descrizione	Importi	%
ATTIVO CIRCOLANTE			PASSIVO CIRCOLANTE		
Totale attivo circolante	1.750.000	73%	Totale passivo circolante	1.815.000	76%
IMMOBILIZZAZIONI			DEBITI A MEDIO-LUNGO TERMINE		
			Totale debiti m.l.t.	435.000	18%
			PATRIMONIO NETTO		
Totale immobilizzazioni	650.000	27%	Totale patrimonio netto	150.000	6%
Totale attivo	2.400.000	100%	**Totale passivo**	2.400.000	100%

STATO PATRIMONIALE

Situazione dopo la ristrutturazione finanziaria:

Descrizione	Importi	%	Descrizione	Importi	%
ATTIVO CIRCOLANTE			PASSIVO CIRCOLANTE		
Totale attivo circolante	**1.750.000**	67%	**Totale passivo circolante**	**1.665.000**	64%
IMMOBILIZZAZIONI			DEBITI A MEDIO-LUNGO TERMINE		
			Totale debiti m.l.t.	**785.000**	30%
			PATRIMONIO NETTO		
Totale immobilizzazioni	**850.000**	33%	**Totale patrimonio netto**	**150.000**	6%
Totale attivo	**2.600.000**	100%	**Totale passivo**	**2.600.000**	100%

Dal confronto delle due tabelle si nota come dall'intervento di ristrutturazione finanziaria si sia riusciti a migliorare sensibilmente la struttura patrimoniale, spostando parte dei debiti dal breve termine al medio-lungo termine. Prima dell'intervento avevamo:

- debiti a breve (passivo circolante) 74%;
- debiti a medio-lungo termine 18%.

Dopo abbiamo questa situazione:

- debiti a breve (passivo circolante) 64%;
- debiti a medio-lungo termine 30%.

Inoltre abbiamo coperto le immobilizzazioni con i debiti a medio-lungo termine più il patrimonio netto. Prima dell'intervento avevamo:

- immobilizzazioni 27%;
- debiti a medio-lungo termine + patrimonio netto 24%.

Dopo abbiamo questa situazione:

- immobilizzazioni 33%;
- debiti a medio-lungo termine + patrimonio netto 36%.

Infine abbiamo equilibrato l'attivo circolante con il passivo circolante. Prima dell'intervento avevamo:

- attivo circolante 73%;
- passivo circolante 76%.

Dopo abbiamo questa situazione:

- attivo circolante 67%;
- passivo circolante 64%.

Parte immaginaria

A questo punto il progetto di ristrutturazione finanziaria è completato, sia nella parte descrittiva sia nella parte tabellare, e siamo pronti per presentarlo ai terzi (banca, soci ecc.). La parte che sto per descriverti viene da molti trascurata, ma secondo il mio personale giudizio è senza dubbio la più importante. Cerco di spiegarmi meglio: in pratica devi immaginare come saranno il tuo stato d'animo e le tue sensazioni dopo che sarai riuscito nel tuo progetto, quando la banca ti avrà accordato il finanziamento e sarai riuscito a realizzare quanto ti eri proposto.

Ti chiederai sicuramente a cosa ti serva tutto questo. Ti rispondo subito che serve a metterti in uno stato di positività e di ottimismo necessario per affrontare qualsiasi sfida.

Infatti mi dimenticavo di dirti che portare a termine un progetto di ristrutturazione finanziaria non è affatto semplice e spesso non bastano le giuste strategie ma occorre impegno, determinazione, ottimismo e motivazione. Se seguirai il mio consiglio, ti accorgerai che il tuo ottimismo, la tua motivazione e la tua fiducia hanno la caratteristica, "se bene espresse", di essere positivamente contagiose nei confronti di colui che ti troverai di fronte.

Infatti puoi fare tutto quello che ti ho appena insegnato nel migliore dei modi, puoi fare una parte descrittiva perfetta, un business plan bellissimo, ma non riuscire a trasmettere a colui che deve esaminarlo nessuno stato d'animo positivo. Questo perché la sola lettura di relazioni e tabelle non ha uno stato d'animo come invece la tua persona. Ricordati sempre il detto: «Chi ben inizia è a metà dell'opera».

Il tuo progetto di ristrutturazione finanziaria inizia per i terzi (banca, soci ecc.) nel momento in cui andrai a presentarlo, quindi preparati al meglio.

SEGRETO n. 37: occorre immergersi mentalmente nella parte immaginaria, porsi in uno stato d'animo positivo da trasmettere a coloro ai quali si andrà a presentare il progetto.

RIEPILOGO DEL GIORNO 7:

- SEGRETO n. 33: non è possibile standardizzare un progetto di ristrutturazione finanziaria, ma è possibile seguire un metodo, alcune tecniche e strategie.
- SEGRETO n. 34: per preparare un progetto di ristrutturazione finanziaria, consiglio di seguire delle fasi di lavoro che vanno dall'analisi della situazione attuale fino alla presentazione del progetto.
- SEGRETO n. 35: prepara la parte descrittiva del business plan, dichiara cosa vuole fare l'azienda, come intende farlo e a cosa serve. Cerca di essere sintetico, utilizza delle tabelle per illustrare le parti numeriche.
- SEGRETO n. 36: nella parte tabellare è utile inserire dei dati del conto economico che riportano gli ultimi uno-due anni consuntivi e gli anni previsionali successivi.
- SEGRETO n. 37: occorre immergersi mentalmente nella parte immaginaria, porsi in uno stato d'animo positivo da trasmettere a coloro ai quali si andrà a presentare il progetto.

GIORNO 8:
Come utilizzare le garanzie prestate dai Confidi

Questo capitolo è dedicato ai consorzi fidi e agli altri enti di garanzia, in quanto ritengo molto utile farti conoscere cosa sono, a cosa possono servire, come utilizzare questi enti di garanzia e le possibilità di aiuto che possono darti per l'accesso al credito bancario e quindi di conseguenza per sostenere un progetto di ristrutturazione finanziaria.

Consorzi fidi o "Confidi"

I consorzi di garanzia collettiva (Confidi) nascono dalla necessità di agevolare, attraverso lo strumento dell'associazionismo, l'accesso al credito da parte delle micro, piccole e medie imprese operanti nei settori manifatturiero, del commercio, dell'artigianato, del turismo, della pesca, dell'agricoltura. Spesso tali aziende, da sole, possono incontrare delle difficoltà per ottenere un finanziamento, a causa essenzialmente dei seguenti motivi:

- la loro piccola dimensione, che può comportare un aumento del prezzo del credito, sia dei tassi di interesse che delle altre spese, compreso il fatto di limitare la quantità del credito concesso;
- l'impossibilità di offrire idonee garanzie, condizione che può causare il rifiuto del finanziamento richiesto;
- la poca capitalizzazione, cosa che si riscontra in molte aziende italiane e generalmente comporta uno squilibrio finanziario dell'azienda.

Con l'intervento dei Confidi queste difficoltà vengono attenuate, perché alla debolezza contrattuale della singola impresa si sostituisce la struttura del Consorzio che riesce a ottenere migliori condizioni nei finanziamenti e in certi casi l'aumento dei limiti del credito concesso per le imprese consorziate.

Generalmente dietro un Confidi è possibile trovare un'associazione di categoria (Confesercenti, Confcommercio, Confartigianato, Associazione degli Industriali ecc.). Altra caratteristica è che alcuni Confidi hanno un raggio di intervento su base regionale, altri su base nazionale.

Il loro intervento è reso possibile perché i Confidi costituiscono un "fondo rischi" alimentato da tutti gli associati e grazie a tale fondo il Confidi garantisce una percentuale del finanziamento che la banca concede all'azienda.

SEGRETO n. 38: con l'utilizzo dei Confidi, alle imprese vengono attenuate le difficoltà relative all'accesso al credito, dovute alla loro debolezza contrattuale, che possono avere singolarmente nella trattativa con la banca.

La garanzia che può essere rilasciata dai Confidi alle aziende varia generalmente dal 30% al 50% della somma del finanziamento concesso, ma è possibile in alcuni casi, e a seguito di accordi specifici stipulati tra il Confidi e la banca convenzionata, arrivare a rilasciare una garanzia fino all'80% dell'importo del finanziamento. Per il rilascio della garanzia l'associato paga al Confidi una commissione che varia a seconda del tipo di finanziamento (attualmente in media oscilla dal 2% al 4%). Ogni Confidi stabilisce un importo massimo di garanzia da impiegare sulla singola azienda (per esempio, al massimo 500.000,00 euro).

Le forme tecniche di garanzia sono sostanzialmente due, una denominata *sussidiaria* e l'altra denominata *a prima richiesta.* La garanzia *sussidiaria* sta a significare che il Confidi rilascia alla banca una garanzia in percentuale sul finanziamento concesso all'azienda, per esempio al 50%, e qualora l'azienda non sia in grado di restituirlo, la banca andrà a rivalersi prima sulle garanzie prestate dall'azienda o dall'imprenditore (fidejussioni, ipoteche ecc.) e una volta escusse, se il ricavato non è sufficiente a far recuperare alla banca gli importi concessi, andrà a escutere la garanzia del Confidi, nel nostro caso fino a un massimo del 50% dell'importo del finanziamento.

La garanzia *a prima richiesta* sta a significare che il Confidi rilascia alla banca, come nel caso precedente, una garanzia in percentuale sul finanziamento, per esempio al 50%, però qualora l'azienda che ha ottenuto il finanziamento non sia in grado di restituirlo, la banca andrà a rivalersi prima sulle garanzie prestate dal Confidi, in quanto è già in possesso di una garanzia che copre a prima richiesta (come dice lo stesso nome) il 50% del finanziamento in caso di insolvenza da parte dell'azienda.

Successivamente o in contemporanea la banca andrà a rivalersi sulle garanzie dell'azienda o prestate dall'imprenditore (fidejussioni, ipoteche ecc.).

Avrai certamente capito che ottenere dal Confidi il rilascio di una garanzia a prima richiesta ha un'importanza maggiore per la banca ma anche per l'azienda.

SEGRETO n. 39: le forme tecniche di garanzia sono sostanzialmente due, una denominata *sussidiaria* e l'altra denominata *a prima richiesta.*

In altre parole, i Confidi non sono destinatari di aiuti diretti, ma svolgono una funzione di tipo mutualistico in favore delle imprese consorziate. I finanziamenti concessi alle imprese dalle banche convenzionate con i Confidi possono riguardare le varie casistiche, per esempio:

- il credito di esercizio di breve termine (anticipo fatture, scoperto conto corrente ecc.);
- le spese per investimenti (acquisto e/o ristrutturazione dei locali, acquisto di attrezzature ecc.);

- operazioni di locazione finanziaria finalizzata agli investimenti (leasing immobiliare o strumentale);
- progetti di ristrutturazione finanziaria nelle varie casistiche.

Rivolgersi a un Confidi è piuttosto semplice, in quanto basta recarsi presso un'associazione di categoria, per esempio quelle che ho citato prima, oppure una alla quale l'azienda è già iscritta e chiedere informazioni sul proprio Confidi o su uno convenzionato.

Come ho ti già detto l'area di competenza può essere regionale o nazionale. Supponiamo che tu voglia conoscere i Confidi presenti nella regione Lombardia; collegati a Internet, vai sul motore di ricerca Google e digita la frase "Ricerca Confidi in Lombardia". Ti appariranno una serie di siti con i nominativi dei vari Confidi presenti nella regione.

Ricerca Confidi in Lombardia

CONFIDI LOMBARDIA sc
CONFIDI LOMBARDIA sc - Società Cooperativa di Garanzia Collettiva Fidi.
*www.**confidilombardia**.it/index.aspx?m=News* - Copia cache - Simili
Confidi Lombardia e UBI Banca, insieme a sostegno del territorio ...
Tags: ubibanca, **confidi lombardia**, utilio speciale pmi, finanziamenti, riequilibrio finanziario, consolidamento dei debiti, **ricerca**, fotovoltaico ...
*finanziamenti.pmi.it/.../**confidi-lombardia**-e-ubi-banca-insieme-a-sostegno-del-territorio.aspx* - Copia cache - Simili
Confidi Milano - Lombardia Imprese
Finanziamenti **Lombardia. Confidi** Province Lombarde mira a sostenere la funzione finanziamento ... +Segnala sito nel nostro motore di **ricerca** +Modifica sito ...
*www.**lombardia**imprese.it/cnt_aziendadettaglio.php~azienda~~~95403~~**Confidi**+Milano.html* - Copia cache - Simili
Grazie alla nascita di Confidi Lombardia ci saranno più risorse ...
Cerca in Risorse e guide ... Una volta che la fusione sarà operativa, l'attività di **Confidi Lombardia** sarà rilevante ... ACCADEMIA DI STUDIO E **RICERCA** . ...
*www.finanzaediritto.it/.../grazie-alla-nascita-di-**confidi-lombardia**-ci-saranno-pi-risorse-per-le-imprese-1427.html* - Copia cache - Simili
Lombardia PMI : Associazioni : Nasce Confidi Lombardia
18 dic 2006 ... Nasce **Confidi Lombardia** - Dall'unione tra i **Confidi** di sette Confindustrie lombarde è nato **Confidi Lombardia**, consorzio interprovinciale che ...
*www.**lombardia**-pmi.it/.../Nasce-**Confidi-Lombardia**.cfm* - Copia cache

Nel caso che un'azienda decida di rivolgersi a un Confidi, l'altra cosa importante che occorre sapere è conoscere l'iter che fa la richiesta di finanziamento. Infatti la richiesta di finanziamento compie un percorso dentro la struttura del Confidi molto simile a quello all'interno della banca.

Non è detto che un Confidi rilasci la garanzia richiesta dall'azienda associata, e per stabilire ciò si è dotato di un ufficio tecnico che valuta le richieste di finanziamento con criteri simili a quelli della banca. Dopodiché, superata questa fase, la richiesta va a un organo deliberante che si riunisce con cadenza settimanale, quindicinale o mensile.

Quindi, anche nel caso si voglia sottoporre un progetto di ristrutturazione finanziaria a un Confidi, è utile se non necessario fare una doppia copia della documentazione fornita alla banca e consegnare il tutto al funzionario del Confidi che completerà la documentazione con la modulistica interna che farà sottoscrive al richiedente.

Se il Confidi accetta di rilasciare la garanzia a sostegno della richiesta, la banca andrà a erogare il finanziamento solo dopo aver ricevuto la documentazione attestante la delibera della garanzia concessa.

SEGRETO n. 40: la richiesta di finanziamento sottoposta all'esame per il rilascio di una garanzia compie un percorso dentro la struttura dei Confidi molto simile a quello all'interno della banca.

Enti di garanzia

Altri strumenti di garanzia a sostegno delle richieste di finanziamento possono essere ritrovati nelle banche di garanzia e nelle finanziarie regionali, sulle quali andrò a fare un breve accenno. Le finanziarie regionali sono generalmente società costituite da enti pubblici e banche operanti nella regione di appartenenza.

Il loro fine è favorire la crescita e lo sviluppo delle piccole e medie imprese che operano nella regione, tra i servizi offerti vi sono:

- rilasciare garanzie alle imprese per l'accesso al credito, principalmente su forme tecniche di finanziamenti a medio-lungo termine. Generalmente le imprese devono avere sede nella regione, anche in questo caso vi è un costo per il rilascio della garanzia che è a carico dell'azienda;
- gestire le agevolazioni, che sono affidate alla regione dove ha sede la finanziaria o l'ente, sotto forma di contributi in conto interesse o altre forme tecniche;

- entrare in partecipazione su imprese che hanno potenzialità di crescita e sviluppo o intervenire sul capitale dell'impresa con altre forme tecniche;
- svolgere un'attività di consulenza finanziaria a servizio sia delle imprese che degli enti pubblici.

Nell'ambito delle finanziarie regionali è possibile trovare anche misure e agevolazioni o garanzie per l'accesso al credito che interessano le persone fisiche (es. per investimenti in energie rinnovabili. In questi enti l'area di competenza può essere regionale o nazionale (magari solo per certi tipi di servizi).

SEGRETO n. 41: altri strumenti di garanzia a sostegno delle richieste di finanziamento possono essere ritrovati nelle banche di garanzia e nelle finanziarie regionali.

Supponiamo che vuoi conoscere la finanziaria regionale della regione in cui abiti o dove svolgi la tua attività (es. Toscana). Vai sul motore di ricerca Google digita la frase "Ricerca finanziaria regionale Toscana" e ti appariranno vari siti con il nome e i servizi forniti dell'ente presente nella tua regione.

Ricerca Finanziaria Regionale Toscana

Fidi **Toscana** prima **finanziaria regionale** ad aver un outlook ...
Nove da Firenze ▶ Economia ▶ Fidi **Toscana** prima **finanziaria regionale** ad aver ... all'irrobustimento patrimoniale, alla **ricerca** di una migliore efficienza ...
www.nove.firenze.it/vediarticolo.asp?id=a3.07... - Copia cache - Simili
La **finanziaria regionale** Fidi **Toscana** diventa una "banca di ...
15 lug 2009 ... Approvata ieri dal Consiglio **Regionale** la trasformazione della **finanziaria** spa promossa dalla **Regione** Fidi **Toscana** in banca di garanzia e di ..
*www.in**toscana**.it/in**toscana**/imprese_in_**toscana**.jsp?...* - Copia cache - Simili
Regione Toscana: Misure "ANTICRISI" attivate dalla **Regione Toscana**
2 lug 2009 ... Clicca qui per avviare la **ricerca** Cerca ... Le piccole medie imprese con sede nella **regione Toscana** possono fare domanda alla propria banca o ... la **Regione Toscana** ha concesso alla **finanziaria regionale** Fidi **Toscana**, ...
*www.**regione**.**toscana**.it/**regione**/.../visualizza_asset.html_1881411472.html* - Copia cache - Simili

L'iter di una richiesta di finanziamento è simile a quello della banca o dei Confidi. Quindi, anche in questo caso, se la richiesta è ben preparata basta solo fare delle copie, riempire la modulistica che ti richiederà l'ente di garanzia e attendere la lavorazione.

Se il soggetto accetta di rilasciare la garanzia a sostegno della richiesta, la banca andrà a erogare il finanziamento solo dopo aver ricevuto la documentazione attestante la delibera della garanzia concessa.

Come detto all'inizio del capitolo, ritengo importante che tu conosca questi strumenti che possono aiutarti, qualora siano necessari, per migliorare e rinforzare il tuo progetto di ristrutturazione finanziaria.

Nell'attività che svolgo quotidianamente, ho spesso a che fare con queste strutture e personalmente consiglio sempre alle aziende, se ci sono le condizioni, di utilizzarle in modo da presentarsi con una garanzia aggiuntiva ritenuta molto importante dalle banche. Il caso che troverai descritto nel capitolo successivo è stato risolto inserendo nella richiesta di finanziamento la garanzia fornita da un Consorzio di garanzia.

RIEPILOGO DEL GIORNO 8:

- SEGRETO n. 38: con l'utilizzo dei Confidi, alle imprese vengono attenuate le difficoltà relative all'accesso al credito, dovute alla loro debolezza contrattuale, che possono avere singolarmente nella trattativa con la banca.
- SEGRETO n. 39: le forme tecniche di garanzia sono sostanzialmente due, una denominata *sussidiaria* e l'altra denominata *a prima richiesta.*
- SEGRETO n. 40: la richiesta di finanziamento sottoposta all'esame per il rilascio di una garanzia, compie un percorso dentro la struttura dei Confidi molto simile a quello all'interno della banca.
- SEGRETO n. 41: altri strumenti di garanzia a sostegno delle richieste di finanziamento possono essere ritrovati nelle banche di garanzia e nelle finanziarie regionali.

Un caso di ristrutturazione finanziaria

Per completare questo ebook ritengo utile inserire un caso aziendale gestito personalmente, piuttosto complesso che racchiude i vari punti descritti nei capitoli precedenti, naturalmente non indicando i nomi dei soggetti coinvolti

BUSINESS PLAN

Società: XXX S.r.l.

Parte descrittiva

Roma: 15/09/2zzz

Spett. Istituto,
in qualità di amministratore della società XXX S.r.l., con la presente sono a sottoporvi il progetto di ristrutturazione finanziaria di seguito illustrato.

Premessa

La società XXX srl viene costituita il 19/01/20zz dalla famiglia Rossi nelle persone di:

Rossi A… (quota di partecipazione 20%);

Rossi B… (quota di partecipazione 20%);

Rossi C… (quota di partecipazione 60%), amministratore unico.

Prima dell'anno 2005, l'attività veniva svolta direttamente dal Sig. Rossi C. nella forma di ditta individuale. La sede operativa si trova in via Verdi 107, all'interno di una struttura di 900 mq, di proprietà.

Attività svolta

La società XXX S.r.l. ha per attività la produzione e successiva vendita all'ingrosso e al dettaglio di componenti arredo per la casa e altri accessori complementari quali mobili e arredi per esterni. La clientela è suddivisa tra ingrosso e dettaglio. I principali clienti all'ingrosso sono alcune importanti catene di distribuzione, mentre la clientela al dettaglio ha un valore marginale sul fatturato e si rivolge a una fascia di clienti medio-alta.

Analisi di alcuni aspetti economici storici

La società XXX S.r.l. svolge la sua attività all'interno di un'immobile di proprietà. Su tale immobile è in essere un mutuo ipotecario stipulato con la banca YYY con valore iniziale di 500.000 euro e valore residuo attuale di 300.000,00 euro.

Negli ultimi anni sono stati fatti importanti investimenti all'interno dei locali dove la società opera. L'importante sviluppo del fatturato ha comportato la necessità di dotarsi di un'area espositiva attrezzata, oltre a un notevole aumento delle scorte di magazzino.

Sia gli investimenti sulla parte ristrutturazione immobile sia gli investimenti sulle scorte di magazzino sono stati fatti utilizzando forme di accesso al credito di breve termine anziché di medio-lungo termine.

Situazione finanziaria attuale

La situazione finanziaria attuale vede l'azienda esposta con diverse banche sia nel breve termine sia nel medio-lungo termine (mutuo sull'immobile). In considerazione di un'importante esposizione bancaria nel complessivo, si rileva un elevato costo degli oneri finanziari e una struttura patrimoniale particolarmente indebitata nel breve periodo, che suggerisce un'operazione a medio-lungo termine, che raccolga gran parte dell'indebitamento lasciando però operative le linee di conto anticipi fatture attualmente concesse dagli istituti e aggiungendo un importo di nuova finanza necessario per migliorare il potere di acquisto della società nel mercato delle materie prime necessarie per produrre, recuperando importanti margini nella vendita del prodotto finito.

In parallelo a questo intervento, sarà messa in atto dalla proprietà, una politica di diminuzione delle scorte di magazzino, che pur non essendo soggette a obsolescenza e senza perdere di competitività e attrazione per il cliente, dovrà portare a una diminuzione delle stesse.

Progetto di ristrutturazione finanziaria

Il progetto di ristrutturazione finanziaria ipotizzato prevede la richiesta di un finanziamento di 600.000,00 euro da restituire in quindici anni, sotto forma di mutuo ipotecario. Il bene oggetto di ipoteca sarà l'immobile di proprietà della società che da perizia di stima allegata alla presente ha un valore di 1.500.000,00 euro.

Tabella di sintesi del progetto

Descrizione	Data inizio Data fine	Importo iniziale	Importo residuo da ristrutturare (in euro)
Mutuo ipotecario Banca Pippo	2005 2015	500.000,00	300.000,00
Scoperto di conto e parte del conto anticipi Banca Rossi			100.000,00
Scoperto di conto corrente Banca Caio			100.000,00
Nuova liquidità			100.000,00

Totale finanziamento: 600.000,00 euro.

Periodo di restituzione del finanziamento richiesto: 15 anni.

Garanzie: ipoteca di primo grado sull'immobile.

Fidejussione: personale dei soci.

Garanzia sussidiaria al 30% del Consorzio Fidi YYY.

Sviluppo del finanziamento

Calcolo previsionale del piano di ammortamento del finanziamento richiesto:

Importo in euro	600.000,00
Periodicità	Semestrale
Tasso ipotizzato	3,5%
Estinguibile in	15 anni
Data erogazione mutuo	31/12/2009

Importo mutuo = 600.000
Tasso = 3,5 % TAEG = 3,53 %
Durata in 15 anni
Periodicita' = semestrale
Importo rata = 25.877,85
Data erogazione = 31/12/2009
Tot.anno rate = 51.755,70
Totale rate = 776.335,58
valori in euro

n.	scadenza	Importo rata	Quota interessi	Quota capitale	Debito residuo
1	31/06/2010	25.877,85	10.500,00	15.377,85	584.622,15
2	30/12/2010	25.877,85	10.230,89	15.646,97	568.975,18
3	30/06/2011	25.877,85	9.957,07	15.920,79	553.054,39
4	30/12/2011	25.877,85	9.678,45	16.199,40	536.854,99
5	30/06/2012	25.877,85	9.394,95	16.482,89	520.372,10
6	30/12/2012	25.877,85	9.106,51	16.771,34	503.600,76
7	30/06/2013	25.877,85	8.813,01	17.064,84	486.535,92
8	30/12/2013	25.877,85	8.514,37	17.363,47	469.172,45
9	30/06/2014	25.877,85	8.210,52	17.667,34	451.505,11
10	30/12/2014	25.877,85	7.901,34	17.976,50	433.528,60
11	30/06/2015	25.877,85	7.586,75	18.291,09	415.237,50
12	30/12/2015	25.877,85	7.266,66	18.611,20	396.626,30
13	30/06/2016	25.877,85	6.940,96	18.936,89	377.689,41
14	30/12/2016	25.877,85	6.609,56	19.268,29	358.421,12
15	30/06/2017	25.877,85	6.272,37	19.605,48	338.815,64
16	30/12/2017	25.877,85	5.929,27	19.948,58	318.867,06

17	30/06/2018	25.877,85	5.580,17	20.297,68	298.569,38
18	30/12/2018	25.877,85	5.224,96	20.652,89	277.916,49
19	30/06/2019	25.877,85	4.863,54	21.014,31	256.902,17
20	30/12/2019	25.877,85	4.495,79	21.382,06	235.520,11
21	30/06/2020	25.877,85	4.121,60	21.756,25	213.763,86
22	30/12/2020	25.877,85	3.740,87	22.136,99	191.626,87
23	30/06/2021	25.877,85	3.353,47	22.524,38	169.102,49
24	30/12/2021	25.877,85	2.959,29	22.918,56	146.183,93
25	30/06/2022	25.877,85	2.558,21	23.319,63	122.864,30
26	30/12/2022	25.877,85	2.150,13	23.727,73	99.136,57
27	30/06/2023	25.877,85	1.734,89	24.142,96	74.993,60
28	30/12/2023	25.877,85	1.312,39	24.565,46	50.428,14
29	30/06/2024	25.877,85	882,49	24.995,36	25.432,78
30	30/12/2024	25.877,85	445,07	25.432,78	,00
	Totali	**776.335,59**	**176.335,59**	**600.000,00**	

Fonti di rimborso

Le fonti di rimborso si ritrovano nei conti economici previsionali (ammortamenti + utili). Dalle previsioni fatte tali fonti sono ampiamente sufficienti a coprire la quota capitale del mutuo richiesto.

Calcolo previsionale delle fonti di copertura finanziaria per far fronte alla quota capitale del finanziamento nei primi tre anni.

TABELLA A. Dati presi alle pagg. 178-179 dell'esempio:

Flussi di cassa	**ANNO 2010 (euro)**	**ANNO 2011 (euro)**	**ANNO 2012 (euro)**
Ammortamenti	45.000,00	45.000,00	45.000,00
Utile/perdita di esercizio	81.250,00	92.625,00	108.875,00
Totale	**126.250,00**	**137.625,00**	**153.875,00**

TABELLA B. Dati presi alle pagg. 173-174 dell'esempio:

Quota capitale del finanziamento	**Anno 2010 (euro)**	**Anno 2011 (euro)**	**Anno 2012 (euro)**
Primo semestre	15.377,85	15.920,79	16.482,89
Secondo semestre	15.646,97	16.199,40	16.777,34
Totale (arrotondato)	**31.000,00**	**33.000,00**	**34.000,00**

Totale A-B (euro)	**95.250,00**	**104.625,00**	**199.875,00**

I dati degli ammortamenti e degli utili sono presi dalla parte tabellare nel conto economico previsionale (vedi tabella alle pagg. 173-174).

Elenco dei principali benefici che si ottengono con l'intervento di ristrutturazione

Riteniamo opportuno evidenziare per punti i principali benefici che la società prevede di ottenere dall'intervento di ristrutturazione finanziaria sia immediati che futuri.

Benefici *immediati* dopo l'intervento:

Descrizione	**Dove vanno a incidere**
Migliore equilibrio tra passivo e attivo dello stato patrimoniale.	Dopo l'intervento avremo un'azienda dove l'attivo a breve è superiore al passivo a breve e dove le immobilizzazioni sono completamente finanziate dal patrimonio netto e dai debiti a medio termine.
Minor costo degli oneri finanziari dovuto alla differenza tra gli interessi applicati dalla banca sugli scoperti di conto corrente generalmente superiori rispetto agli interessi applicati sul finanziamento a medio termine.	Benefici sul conto economico per la diminuzione degli oneri finanziari.

Copertura con i flussi di cassa della quota capitale annua da rimborsare.	Dopo l'intervento avremo un'azienda dove la quota di rimborso capitale annuale è coperta dai flussi di cassa preventivi.

Benefici *futuri* dopo l'intervento:

Descrizione	**Dove vanno a incidere**
La minore pressione finanziaria dovuta all'abbassamento della quota capitale da restituire annualmente, porta dei benefici in termini di minor rischio di insolvenza alle scadenze l'imprenditore può concentrarsi nella ricerca di nuovi clienti o in altre aree dell'azienda.	Possibili benefici sul conto economico per l'opportunità di ricercare nuovi ricavi o ottimizzare alcuni costi

Per permettervi un migliore valutazione alleghiamo alla presente la seguente documentazione:

- parte tabellare allegata;
- bilancio al 31/12/2009;

- bilancio al 31-12-2008;
- certificato Camera di Commercio;
- curriculum vitae dei soci;
- elenco affidamenti bancari;
- ultime due dichiarazione dei redditi della società;
- ultime dichiarazioni dei redditi dei soci;
- copia documento di identità dei soci;
- copia del contratto di mutuo in essere;
- copia della perizia di stima dell'immobile.

Qualora necessiti sarà nostra cura fornire documentazione integrativa.

Timbro e firma

Firma per ricevuta
(*Banca*)

PARTE TABELLARE
Business plan della società XXX S.r.l.

Conto economico ***Previsionali***	2010	Valori in %	2011	Valori in %	2012	Valori in %
Ricavi delle vendite e prestazioni						
Variazione prodotti finiti						
A) Valore della produzione	**2.000.000**	**100%**	**2.300.000**	**100%**	**2.500.000**	**100%**
Costi della produzione						
Per materie prime e merci	1.000.000	50%	1.150.000	50%	1.250.000	50%
Per servizi ecc.	260.000	13%	299.000	13%	300.000	12%
Variazione rimanenze	**100.000**	**5%**	**100.000**	**4,3%**	**100.000**	**4%**
Per godimento beni di terzi	60.000	3%	69.000	3%	75.000	3%
Per il personale	320.000	16%	391.000	17%	450.000	18%
Oneri diversi di gestione	30.000	1,5%	34.500	1,5%	37.500	1,5%
B) Costi della produzione	**1.770.000**	**88,5%**	**2.043.500**	**88,8%**	**2.212.500**	**88,5%**
C) Margine operativo lordo (A-B)	**230.000**	**11,5%**	**256.500**	**11,2%**	**287.500**	**11,5%**
D) Ammortamenti	45.000	2,3%	45.000	2%	45.000	1,8%
E) Margine operativo netto (C-D)	**185.000**	**9,3%**	**211.500**	**9,2%**	**242.500**	**9,7%**
F) Proventi e oneri finanziari	(60.000)	**3%**	(69.000)	**3%**	(75.000)	**3%**
Risultato ante imposte (E+F+G)	**125.000**	**6,3%**	**142.500**	**6,2**	**167.500**	**6,7%**
Imposte sul reddito d'esercizio	43.750	2,2%	49.875	2,2%	58.625	2,3%
Utile (perdita) di periodo	**81.250**	**4,1%**	**92.625**	**4%**	**108.875**	**4,4%**

Flussi di cassa	**2010**		**2011**		**2012**	
Ammortamenti	**45.000**		**45.000**		**45.000**	
Utile/perdita di esercizio	**81.250**		**92.625**		**108.875**	
Totale	**126.250**		**137.625**		**153.875**	

STATO PATRIMONIALE

Prima dell'intervento:

Descrizione	Importi	%	Descrizione	Importi	%
ATTIVO CIRCOLANTE			**PASSIVO CIRCOLANTE**		
Rimanenze	**600.000**		Debiti a breve fornitori e altri	570.000	
Disponibilità liquide	**10.000**		Debiti a breve Vs. banche	700.000	
Crediti entro l'esercizio	**700.000**		Ratei e risconti	1.000	
Ratei e risconti	**5.000**				
Totale attivo circolante	**1.115.000**	64%	**Totale passivo circolante**	**1.271.000**	73%
MMOBILIZZAZIONI			**DEBITI A MEDIO-LUNGO TERMINE**		
Immateriali	16.000		Debiti a M/L termine)	300.000	
Materiali	600.000		Trattamento di fine rapporto	40.000	
Finanziarie			Fondi rischi e oneri		
			Totale debiti m.l.t	**340.000**	**20%**
			PATRIMONIO NETTO		
			Capitale sociale	70.000	
			Riserve	50.000	
			Utili (perdite) dell'esercizio		
Totale immobilizzazioni	**616.000**	51%	**Totale patrimonio netto**	**120.000**	7%
Totale attivo	**1.731.000**	**100 %**	**Totale passivo**	**1.731.000**	**100 %**

STATO PATRIMONIALE

Situazione dopo la ristrutturazione finanziaria:

Descrizione	Importi	%	Descrizione	Importi	%
ATTIVO CIRCOLANTE			**PASSIVO CIRCOLANTE**		
Totale attivo circolante	**1.215.000**	66%	**Totale passivo circolante**	**1.071.000**	58%
IMMOBILIZZAZIONI			**DEBITI A MEDIO-LUNGO TERMINE**		
			Totale debiti m.l.t	**640.000**	35%
			PATRIMONIO NETTO		
Totale immobilizzazioni	**616.000**	34%	**Totale patrimonio netto**	**120.000**	7%
Totale attivo	**1.831.000**	100 %	**Totale passivo**	**1.831.000**	100 %

Dal confronto delle due tabelle si nota come dall'intervento di ristrutturazione finanziaria si sia riusciti a migliorare la struttura patrimoniale, spostando parte dei debiti dal breve termine al medio-lungo termine. Infatti prima dell'intervento avevamo:

- debiti a breve (passivo circolante) 73%;
- debiti a medio-lungo termine 20%.

Dopo abbiamo questa situazione:

- debiti a breve (passivo circolante) 58%;
- debiti a medio-lungo termine 35%.

Inoltre abbiamo coperto le immobilizzazioni con i debiti a medio-lungo termine più il patrimonio netto. Infatti prima dell'intervento avevamo:

- immobilizzazioni 36%;
- debiti a medio-lungo termine + patrimonio netto 27%.

Dopo abbiamo questa situazione:

- immobilizzazioni 34%;
- debiti a medio-lungo termine + patrimonio netto 42%.

Infine abbiamo equilibrato il l'attivo circolante con il passivo circolante. Infatti prima dell'intervento avevamo:

- attivo circolante 64%;
- passivo circolante 73%.

Dopo abbiamo questa situazione:

- attivo circolante 66%;
- passivo circolante 58%.

Conclusione del caso analizzato

Il caso sopra descritto si è concluso positivamente, la banca ha accettato il progetto presentato e ha effettuato il finanziamento di 600.000,00 euro in quindici anni come richiesto, inserendo tra le garanzie l'intervento di un Consorzio Fidi con garanzia sussidiaria al 30%.

Conclusioni

Se hai letto questo ebook, avrai certamente compreso che non c'è una ricetta magica per fare una ristrutturazione finanziaria, e sono anche sicuro che hai trovato molte cose che probabilmente già conoscevi.

Devi ammettere però che le tecniche e i segreti che ti ho svelato possono esserti utili se ti troverai a preparare un progetto di ristrutturazione finanziaria, qualunque esso sia e per le finalità necessarie a raggiungere i tuoi obiettivi.

Vediamo cosa hai imparato leggendo e studiando l'ebook:

- a comprendere i temi riguardanti Basilea 2, rating e centrali rischi, senza spaventarti, ma imparando ad affrontarli e gestirli;
- a capire l'importanza di riclassificare i bilanci;
- ad affrontare una ristrutturazione finanziaria intervenendo sui finanziamenti di breve termine;

- ad affrontare una ristrutturazione finanziari intervenendo sui finanziamenti di medio-lungo termine;
- ad aggiungere al progetto di ristrutturazione finanziaria la ricerca di nuova finanza;
- a preparare un progetto di ristrutturazione finanziaria pianificando le varie fasi;
- a inserire nel progetto il supporto dei consorzi fidi o altri enti di garanzia.

In sintesi hai imparato a fare da solo un progetto di ristrutturazione finanziaria in modo professionale, seguendo un metodo e monitorando le varie fasi che lo riguardano fino a presentarlo alla banca.

Spero che tutto ciò ti sia di aiuto perché, come avrai capito leggendo l'ebook ma come comprenderai ancora meglio nella vita quotidiana, fare progetto di ristrutturazione finanziaria e portarlo a buon fine ottenendo il consenso dei terzi interessati (soci, fornitori ecc.) e l'approvazione di una banca disposta a sostenerlo, non è affatto facile.

Per riuscirci occorre impegno, ottimismo, determinazione, un metodo professionale, alcune buone strategie e alcuni segreti che hai trovato all'interno dell'ebook.

Un caro saluto,
Roberto Ciompi

www.ingramcontent.com/pod-product-compliance
Ingram Content Group UK Ltd.
Pitfield, Milton Keynes, MK11 3LW, UK
UKHW022023190726
13853UKWH00005B/2078

9 788861 742444